KB053325

잼잼

쉬운 일본어 첫걸음

잼잼 쉬운 일본어 첫걸음

저 자 이원준
발행인 고본화
발 행 반석출판사
2024년 10월 5일 초판 3쇄 인쇄
2024년 10월 10일 초판 3쇄 발행
반석출판사 | www.bansok.co.kr
이메일 | bansok@bansok.co.kr
블로그 | blog.naver.com/bansokbooks

07547 서울시 강서구 양천로 583. B동 1007호
(서울시 강서구 염창동 240-21번지 우림블루나인 비즈니스센터 B동 1007호)
대표전화 02) 2093-3399   **팩 스** 02) 2093-3393
출 판 부 02) 2093-3395   **영업부** 02) 2093-3396
등록번호 제315-2008-000033호

ISBN 978-89-7172-971-7 (13730)

잼잼 쉬운 일본어 첫걸음

반석출판사

Preface 머리말

지구촌이 글로벌 시대에 접어든 지도 꽤 오래 되었습니다. 아울러 전 세계가 머지 않아 일일생활권이 될 거라는 전망도 현실화되고 있습니다. 특히 이웃나라 일본의 경우는 하루에 비즈니스 업무를 처리하고 돌아올 수 있는 아주 가까운 나라이자, 경제·문화적 교류 또한 매우 활발한 나라이기도 합니다.

사정이 이렇다 보니, 직·간접적으로 일본어를 필요로 하는 사람이 많아질 수밖에 없습니다. 특히, 이미 오래 전부터 관심을 가져온 젊은층 이외에 일본어의 필요성을 별로 느끼지 않았던 중장년층에서도 일본어 회화의 필요성을 느끼는 분들이 많이 늘었습니다.

하지만 지금까지의 일본어 회화교재는 이처럼 다양한 연령층을 고려하지 않고 만들어졌기 때문에, 회화 내용이나 활자의 크기 등이 중장년층의 요구와 동떨어져 있었습니다. 이에 본 교재는 젊은층은 물론 중장년층 등 다양한 연령층이 쉽게 익힐 수 있게 만들어졌습니다.

내용 면에서도 일상생활이나 여행 또는 비즈니스 등 다방면에 걸쳐 두루 활용할 수 있으며, 일본어를 한 번도 배운 적이 없는 분이라도 하고 싶은 말을 쉽게 찾아 바로바로 따라 말할 수 있도록 구성했습니다. 일본어를 어느 정도 공부한 경험이 있는 분들이 보시면 더욱 알차게 일본어 회화를 익힐 수 있습니다. 꼭 필요한 한 마디 한 마디를 정성껏 간추려 실었고, 한 마디의 회화로써 다른 표현도 만들어낼 수 있도록 메모 형식을 빌려 꼼꼼한 해설도 달아 두었습니다.

모쪼록 이 책을 접하신 모든 분들에게 유익한 교재가 되기를 바랍니다.

이원준 드림

Contents 차례

PART 5 일상생활의 화제 표현

PART 8 긴급상황에 관한 표현

Chapter 01 난처한 상황에 빠졌을 때

Chapter 02 도난을 당했을 때

Chapter 03 재해·사고를 당했을 때

Chapter 04 몸이 아플 때

한눈에 보는 히라가나

	ㅏ	ㅣ	ㅜ	ㅔ	ㅗ
ㅇ	あ 아	い 이	う 우	え 에	お 오
ㅋ	か 카	き 키	く 쿠	け 케	こ 코
ㅅ	さ 사	し 시	す 스	せ 세	そ 소
ㅌ	た 타	ち 찌	つ 쯔	て 테	と 토
ㄴ	な 나	に 니	ぬ 누	ね 네	の 노
ㅎ	は 하	ひ 히	ふ 후	へ 헤	ほ 호
ㅁ	ま 마	み 미	む 무	め 메	も 모
야	や 야		ゆ 유		よ 요
ㄹ	ら 라	り 리	る 루	れ 레	ろ 로
와	わ 와		を 워		ん ㅇ

한눈에 보는 가타가나

	ㅏ	ㅣ	ㅜ	ㅔ	ㅗ
ㅇ	ア 아	イ 이	ウ 우	エ 에	オ 오
ㅋ	カ 카	キ 키	ク 쿠	ケ 케	コ 코
ㅅ	サ 사	シ 시	ス 스	セ 세	ソ 소
ㅌ	タ 타	チ 찌	ツ 쯔	テ 테	ト 토
ㄴ	ナ 나	ニ 니	ヌ 누	ネ 네	ノ 노
ㅎ	ハ 하	ヒ 히	フ 후	ヘ 헤	ホ 호
ㅁ	マ 마	ミ 미	ム 무	メ 메	モ 모
야	ヤ 야		ユ 유		ヨ 요
ㄹ	ラ 라	リ 리	ル 루	レ 레	ロ 로
와	ワ 와		ヲ 워		ン ㅇ

발음편

1 청음 · 清音(せいおん)

あ行은 우리말의 「아·이·우·에·오」와 발음이 같다. 단, う는 「우」와 「으」의 중간음으로 입술을 내밀지도 당기지도 않는 자연스런 상태에서 발음한다.

あ	い	う	え	お
ア	イ	ウ	エ	オ
아[a]	이[i]	우[u]	에[e]	오[o]

か行은 단어의 첫머리에 올 때는 입천장에서 나오는 강한 「카·키·쿠·케·코」와 비슷하며, 단어의 중간이나 끝에 올 때는 「까·끼·꾸·께·꼬」로 발음한다.

か	き	く	け	こ
カ	キ	ク	ケ	コ
카[ka]	키[ki]	쿠[ku]	케[ke]	코[ko]

さ行은 우리말의 「사·시·스·세·소」와 발음이 같다. 단, す는 「수」와 「스」의 중간음으로 입술을 내밀지도 당기지도 않는 자연스런 상태에서 발음한다.

さ	し	す	せ	そ
サ	シ	ス	セ	ソ
사[sa]	시[si]	스[su]	세[se]	소[so]

た·て·と는 단어의 첫머리에 올 때는 「다·데·도」로 발음하고, 중간이나 끝에 올 때는 「따·떼·또」로 발음한다. ち·つ는 「찌·쯔」와 「치·츠」의 중간음으로 「찌·쓰」에 가깝게 발음한다.

た	ち	つ	て	と
タ	チ	ツ	テ	ト
타[ta]	치[chi]	츠[tsu]	테[te]	토[to]

な行은 우리말의 「나·니·누·네·노」와 발음이 같다.

な	に	ぬ	ね	の
ナ	ニ	ヌ	ネ	ノ
나[na]	니[ni]	누[nu]	네[ne]	노[no]

は行은 우리말의 「하·히·후·헤·호」와 발음이 같다. 단 ふ는 「후」와 「흐」의 중간음으로 입술을 내밀지도 당기지도 않는 자연스런 상태에서 발음한다.

は	ひ	ふ	へ	ほ
ハ	ヒ	フ	ヘ	ホ
하[ha]	히[hi]	후[fu]	헤[he]	호[ho]

ま行은 우리말의 「마·미·무·메·모」와 발음이 같다.

ま	み	む	め	も
マ	ミ	ム	メ	モ
마[ma]	미[mi]	무[mu]	메[me]	모[mo]

や行은 우리말의 「야·유·요」와 발음이 같고 반모음으로 쓰인다.

や	ゆ	よ
ヤ	ユ	ヨ
야[ya]	유[yu]	요[yo]

ら行은 우리말의 「라·리·루·레·로」와 발음이 같다.

ら	り	る	れ	ろ
ラ	リ	ル	レ	ロ
라[ra]	리[ri]	루[ru]	레[re]	로[ro]

わ行の わ·を는 우리말의 「와·오」와 발음이 같다. 단, を는 あ행의 お와 발음이 같지만 단어에는 쓰이지 않고 조사 「~을(를)」의 뜻으로만 쓰인다. ん은 はねる音을 참조할 것.

わ	ん	を
ワ	ン	ヲ
와[wa]	응[n, m, ng]	오[o]

2 반탁음 · 半濁音(はんだくおん)

반탁음은 は행의 오른쪽 윗부분에 반탁점(゜)을 붙인 것을 말한다. 반탁음은 우리말의 「ㅍ」과 「ㅃ」의 중간음으로 단어의 첫머리에 올 경우에는 「ㅍ」에 가깝게 발음하고, 단어의 중간이나 끝에 올 때는 「ㅃ」에 가깝게 발음한다.

ぱ·パ	ぴ·ピ	ぷ·プ	ぺ·ペ	ぽ·ポ
파[pa]	피[pi]	푸[pu]	페[pe]	포[po]

3 탁음 · 濁音(だくおん)

탁음이란 か·さ·た·は(カ·サ·タ·ハ)행의 글자 오른쪽 윗부분에 탁점(゛)을 붙인 음을 말한다. だ행의 ぢ·づ는 ざ행의 じ·ず와 발음이 동일하여 현대어에서는 특별한 경우, 즉 연탁이 되는 경우 이외는 별로 쓰이지 않는다.

が·ガ	ぎ·ギ	ぐ·グ	げ·ゲ	ご·ゴ
가[ga]	기[gi]	구[gu]	게[ge]	고[go]

ざ·ザ	じ·ジ	ず·ズ	ぜ·ゼ	ぞ·ゾ
자[za]	지[ji]	즈[zu]	제[ze]	조[zo]

だ·ダ	ぢ·ヂ	づ·ヅ	で·デ	ど·ド
다[da]	지[ji]	즈[zu]	데[de]	도[do]

ば·バ	び·ビ	ぶ·ブ	べ·ベ	ぼ·ボ
바[ba]	비[bi]	부[bu]	베[be]	보[bo]

4 요음 · 拗音(ようおん)

요음이란 い단 글자 중 자음 「き·し·ち·に·ひ·み·り·ぎ·じ·び·ぴ」에 작은 글자 「や·ゆ·よ」를 붙인 음을 말한다. 따라서 「や·ゆ·よ」는 우리말의 「ㅑ·ㅠ·ㅛ」 같은 역할을 한다.

きゃ	しゃ	ちゃ	にゃ	ひゃ	みゃ	りゃ	ぎゃ	じゃ	びゃ	ぴゃ
キャ	シャ	チャ	ニャ	ヒャ	ミャ	リャ	ギャ	ジャ	ビャ	ピャ
캬	샤	챠	냐	햐	먀	랴	갸	쟈	뱌	퍄
きゅ	しゅ	ちゅ	にゅ	ひゅ	みゅ	りゅ	ぎゅ	じゅ	びゅ	ぴゅ
キュ	シュ	チュ	ニュ	ヒュ	ミュ	リュ	ギュ	ジュ	ビュ	ピュ
큐	슈	츄	뉴	휴	뮤	류	규	쥬	뷰	퓨
きょ	しょ	ちょ	にょ	ひょ	みょ	りょ	ぎょ	じょ	びょ	ぴょ
キョ	ショ	チョ	ニョ	ヒョ	ミョ	リョ	ギョ	ジョ	ビョ	ピョ
쿄	쇼	쵸	뇨	효	묘	료	교	죠	뵤	표

5 하네루음 · はねる音(おん)

はねる音인 「ん」은 단어의 첫머리에 올 수 없으며, 항상 다른 글자 뒤에 쓰여 우리말의 받침 과 같은 구실을 한다. 또한 ん 다음에 오는 글자의 영향에 따라 「ㄴ·ㅁ·ㅇ」으로 소리가 난다. (이것은 발음의 편의를 위한 자연스런 변화이므로 특별히 신경 쓰지 않아도 된다.)

❶ 「ㄴ(n)」으로 발음하는 경우
　「さ·ざ·た·だ·な·ら」행의 글자 앞에서는 「ㄴ」으로 발음한다.

❷ 「ㅁ(m)」으로 발음하는 경우
　「ば·ぱ·ま」행의 글자 앞에서는 「ㅁ」으로 발음한다.

❸ 「ㅇ(ng)」으로 발음하는 경우
　「あ·か·が·や·わ」행의 글자 앞에서는 「ㅇ」으로 발음한다. 또한, 단어의 끝에서도 「ㅇ」으로 발음한다.

6 촉음 · 促音(そくおん)

촉음이란 막힌 소리의 하나로 우리말의 받침과 같은 역할을 하는 것을 말한다. つ를 작은 글자 っ로 표기하여 다른 글자 밑에서 받침으로만 쓰인다. 이 촉음은 하나의 음절을 갖고 있으며, 뒤에 오는 글자의 영향에 따라 「ㄱ·ㅅ·ㄷ·ㅂ」으로 발음한다.

❶ 「ㄱ(k)」으로 발음하는 경우
  か행의 글자 앞에서는 「ㄱ」으로 발음한다.

❷ 「ㅅ(s)」으로 발음하는 경우
  さ행의 글자 앞에서는 「ㅅ」으로 발음한다.

❸ 「ㄷ(t)」으로 발음하는 경우
  た행의 글자 앞에서는 「ㄷ」으로 발음한다.

❹ 「ㅂ(p)」으로 발음하는 경우
  ぱ행의 글자 앞에서는 「ㅂ」으로 발음한다.

7 장음 · 長音(ちょうおん)

장음長音이란 같은 모음이 중복될 때 앞의 발음을 길게 발음하는 것을 말한다. 우리말에서는 장음의 구별이 어렵지만 일본어에서는 이것을 확실히 구분하여 쓴다. 음의 장단에 따라 그 의미가 달라지는 경우가 있으므로 주의해야 한다. 또, カタカナ에서는 장음부호를 「ー」로 표기한다. 이 책의 우리말 장음 표기에서도 편의상 「ー」로 처리하였다.

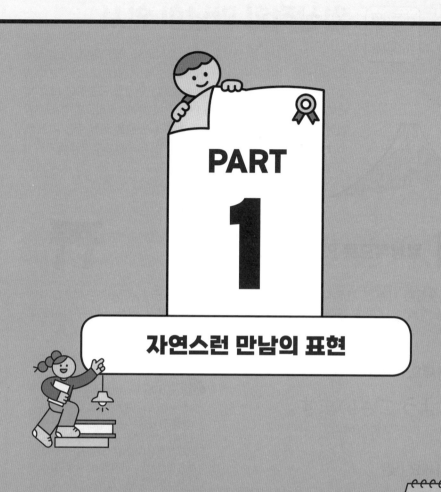

PART

1

자연스런 만남의 표현

일본인의 인사 방법은 우리와 비슷한 점이 있으나 표현 방법에 있어서는 다른 점이 많으므로 주의해야 합니다. 말로만 인사를 할 때는 상대방이 친밀감을 느낄수 있도록 밝고 친절한 목소리로 말해야 하며, 이 때 밝은 미소를 지으면 더욱 좋습니다. 말과 동작을 동시에 사용할 때는 고개와 허리를 굽히는데, 이때 허리를 굽히는 정도를 상대방과 비슷하게 하는 것이 좋으며, 상대방보다 먼저 허리를 펴면 실례가 됩니다.

일상적인 만남의 인사

우리는 아는 사람을 만났을 때 일상적으로 쓰는 말이 「안녕하세요?」이지만, 일본어에서는 영어에서처럼 아침(おはようございます), 낮(こんにちは), 저녁(こんばんは) 인사를 구분하여 쓰고 있습니다. 친한 사이라면 아침에 만났을 때 おはよう라고만 해도 무방하며, 더욱 줄여서 オッス라고도 합니다. 근황을 물을 때는 お元気ですか라고 하며, 이에 대한 응답으로는 おかげさまで元気です라고 합니다.

Unit 1 일상적으로 인사할 때

평상시에 이웃들과 나누는 기본적인 인사말인 「おはようございます, こんにちは, こんばんは」만으로 질리면 날씨에 관한 인사를 다양하게 알아두어 멋진 일본어를 구사하도록 하자.

☑ **안녕하세요.(아침)**

おはよう ございます。
오하요-　　　고자이마스

아침에 아는 사람을 만났을 때 쓰는 인사말로, 동료나 아랫사람을 만났을 때는 「ございます」를 생략하여 가볍게 「おはよう」만으로 표현한다. 속어적인 표현으로는 첫글자와 마지막 글자를 따서 「おっす」라고도 한다.

☐ **안녕하세요.(낮)**

こんにちは。
곤니찌와

☐ **안녕하세요.(밤)**

こんばんは。
곰방와

☐ **날씨가 좋네요.**

いい 天気_{てん き}ですね。
이-　　뎅끼데스네

우리말로 직역하여 「天気が いい」라고 하지 않도록 주의한다.

Unit 2 근황을 물을 때

일본 영화를 통해 익히 들어 알고 있는 「お元気(げんき)ですか」는 「잘 지내십니까?」의 뜻으로 상대의 안부를 물을 때 주로 쓰이는 인사말이다. 친한 친구 사이라면 「元気?」로도 충분하다.

☑ **잘 지내십니까?**

お元気ですか。
げんき

오겡끼데스까

☐ **덕분에 잘 지냅니다. 당신은요?**

おかげさまで 元気です。あなたの ほうは？
げんき

오까게사마데　겡끼데스　아나따노　호-와

☐ **별일 없으세요?**

お変り ありませんか。
かわ

오까와리　아리마셍까

☐ **요즘은 어떠십니까?**

この頃は いかがですか。
ごろ

고노고로와　이까가데스까

☐ **그저 그렇습니다.**

まあまあです。

마-마-데스

> 「まあまあ」는 그런대로 만족할 만한 정도를 나타낼 때 쓰이는 말로 일이나 상태가 별 탈이 없이 그럭저럭 진행되고 있을 때 대답하는 표현이다.

☐ **사업은 잘 되십니까?**

事業は うまく いっていますか。
じ ぎょう

지교-와　우마꾸　잇떼 이마스까

> 「うまく いく」는 어떤 일이나 동작이 잘 진척되는 상태를 나타낸다.

Part 1 자연스런 만남의 표현

아는 사람이나 친지, 동료를 오랜만에 만났을 때는 「おひさしぶりですね」 또는 「しばらくですね」라고 하며, 그 동안의 안부를 물을 때는 「お元気でしたか」라고 하면 된다.

☑ 오랜만이군요.

おひさしぶりですね。

오히사시 부리데스네

> 「ひさしぶり」는 「久(ひさ)しい(오래되다)」에 「ぶり(상당히 시간이 흐르고 ...만에)」가 접속된 형태로 상당히 오랜만에 만났을 때 하는 인사말이다.

☐ 야, 몇 년 만입니까?

やあ、何年ぶりですか。
　　　なんねん

야—　　　난넴부리데스까

☐ 다시 만나서 반갑습니다.

また お会いできて うれしいですね。
　　　　あ

마따　　오아이데끼떼　　　　우레시—데스네

☐ 여전하군요.

相変わらずですね。
あい か

아이까와라즈데스네

> 「お会いできる」는 「만나다」의 뜻을 가진 동사 「会う」의 존경 표현인 「お会いする」의 가능 표현이다.

☐ 별일 없으시죠?

お変りありませんでしたか。
　　かわ

오까와리 아리마센데시따까

☐ 세월 참 빠르네요.

歳月は 速いもんですね。
さい げつ　　はや

사이게쯔와　하야이몬데스네

☐ 오랫동안 소식을 못 드렸습니다.

ごぶさたしました。

고부사따시마시따

> 「ご無沙汰(ぶさた)」는 오랫동안 소식을 전하지 못해 죄송함을 나타낼 때 쓰이는 인사말이다.

Unit 4 안부를 물을 때

또 다른 상대의 안부를 물을 때 쓰이는 기본적인 표현으로는 「〜は お元気(げんき)ですか」가 있으며, 어떻게 지내고 있는지를 물을 때 「〜は どう過(す)ごしていますか」라고 한다.

☑ 가족 분들은 잘 지내십니까?
ご家族の 皆さんは 元気ですか。
고카조꾸노　미나상와　겡끼데스까

□ 모두 잘 지냅니다.
みんな 元気です。
민나　겡끼데스

□ 부모님은 잘 지내십니까?
ご両親は お元気ですか。
고료-싱와　오겡끼데스까

□ 요즘 어떻게 지내십니까?
この頃どう 過されていますか。
고노고로 도-　스고사레떼이마스까

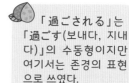

「過ごされる」는 「過ごす(보내다, 지내다)」의 수동형이지만 여기서는 존경의 표현으로 쓰였다.

□ 그는 건강하게 지내고 있습니다.
彼は 元気で 過しています。
가레와 겡끼데　스고시떼이마스

□ 여행은 어땠어요?
旅行は どうでしたか。
료꼬와　도-데시따까

Part 1 자연스런 만남의 표현

Chapter 02

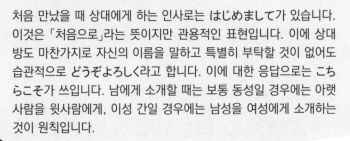

소개할 때의 인사

처음 만났을 때 상대에게 하는 인사로는 はじめまして가 있습니다. 이것은 「처음으로」라는 뜻이지만 관용적인 표현입니다. 이에 상대 방도 마찬가지로 자신의 이름을 말하고 특별히 부탁할 것이 없어도 습관적으로 どうぞよろしく라고 합니다. 이에 대한 응답으로는 こちらこそ가 쓰입니다. 남에게 소개할 때는 보통 동성일 경우에는 아랫 사람을 윗사람에게, 이성 간일 경우에는 남성을 여성에게 소개하는 것이 원칙입니다.

Unit 1 처음 만났을 때의 인사

아는 사람이나 친구, 가족 등을 타인에게 소개할 때는 보통 「こちらは ○○です(이 분은 ○○입니다)」라고 하며, 소개받는 사람은 「はじめまして(처음 뵙겠습니다)」라고 인사를 건넨다.

☑ 처음 뵙겠습니다.

はじめまして。
하지메마시떼

> 뒤에 「お願いします」를 생략한 형태로 간단하게 하는 첫 대면의 인사이다.

☐ 잘 부탁합니다.

どうぞ よろしく。
도-조   요로시꾸

> 「お目にかかる」는 우리말의 「만나뵙다」의 뜻을 가진 경양어다.

☐ 뵙게 되어 매우 기쁩니다.

お目にかかれて とても うれしいです。
오메니카까레떼   도떼모   우레시-데스

☐ 뵙게 되어 영광입니다.

お目にかかれて 光栄です。
오메니카까레떼   코-에-데스

> 우리말에서는 「영광(栄光)」이라고 하지만 일본어에서는 반대로 「光栄」이라고 한다.

☑ 처음 뵙겠습니다. 잘 부탁드립니다.

はじめまして、どうぞ よろしく お願いします。
하지메마시떼　　　　도-조　　　요로시꾸　　오네가이시마스

☐ 저야말로 잘 부탁합니다.

こちらこそ よろしく。
고찌라꼬소　　　요로시꾸

☐ 말씀은 그전부터 많이 들었습니다.

おうわさは かねがね うかがっておりました。
오우와사와　　　가네가네　　　우까갓떼 오리마시따

☐ 요시무라에게 말씀은 들었습니다.

吉村から うわさを 聞いてましたよ。
요시무라까라　우와사오　　기이떼 마시따요

☐ 어디서 만난 적이 없습니까?

どこかで お会いしたことは ありませんか。
도꼬까데　　오아이시따 고또와　　　아리마셍까

Unit 2 상대와 친해지기 위한 질문

처음 만난 사람과 대화를 나눌 때 고향, 학교, 가족 등에 대한 여러 가지 궁금한 점을 서로 묻고 대답하면서 친해진다. 여기서는 일본인을 처음 만났을 때 서로 주고받는 대화를 중심으로 익히도록 하자.

☑ **어디 태생입니까?**

どこの お生まれですか。

도꼬노　　오우마레데스까

☐ **이곳 생활은 어떻습니까?**

こちらの 生活は どうですか。

고찌라노　　세ー까쯔와　도ー데스까

☐ **어디에 근무하십니까?**

どちらへ お勤めですか。

도찌라에　　오쓰또메데스까

> 「お~です」는 존경 표현의 하나로 우리말의 「~하시다」로 해석한다.

☐ **어느 학교에 다닙니까?**

学校は どちらですか。

각꼬ー와　　도찌라데스까

☐ **가족은 몇 분입니까?**

ご家族は 何人ですか。

고까조꾸와　　난닌데스까

> 체류기간을 물을 때는 위의 표현 이외에 「いつまで お泊(と)まりですか(언제까지 머무르십니까?)」, 「いつまで ご滞在(たいざい)ですか(언제까지 체류하십니까?)」 등이 있다.

☐ **일본에는 언제까지 있습니까?**

日本には いつまで いるんですか。

니혼니와　　이쓰마데　　이룬데스까

Unit 3 소개할 때

자신을 상대에게 정중하게 소개할 때는 「~と 申します(~라고 합니다)」라고 하지만, 보통 「~です(~입니다)」라고 해도 별 무리는 없다. 아는 사람을 제삼자에게 소개할 때는 「내 친구인 누구」라든지, 「직장 상사인 누구」라는 식으로 자기와의 관계를 먼저 말하는 것도 소개의 예법일 수 있다.

☑ **잠깐 제 소개를 하겠습니다.**

ちょっと 自己紹介させてください。

촛또　　　　지꼬쇼―까이　사세떼 구다사이

☐ **안녕하세요, 저를 기억하십니까?**

こんにちは、私のこと 覚えてます。

곤니찌와　　　　와따시노 고또 오보에떼마스

☐ **죄송합니다. 다른 사람으로 착각했습니다.**

すみません、別の人と 間違えてしまいました。

스미마셍　　　　베쯔노 히또또 마찌가에떼 시마이마시따

☐ **제 명함입니다. 당신 것도 받을 수 있을까요?**

名刺を どうぞ。あなたのも いただけますか。

메―시오　도―조　　아나따노모　　이따다께마스까

☐ **다나카 씨를 소개하겠습니다.**

田中さんを 紹介しましょう。

다나까상오　　　쇼―까이시마쇼―

☐ **이 씨, 이분은 다나카 씨입니다.**

李さん、こちらは 田中さんです。

이상　　　고찌라와　　다나까산데스

Chapter 03

헤어질 때 인사

일본어를 조금이라도 알고 있는 사람이라면 누구나 다 알고 있는 さようなら만으로 헤어질 때 인사로는 부족하다는 것을 알 수 있습니다. 여기서는 헤어질 때의 다양한 인사 표현을 익히도록 합시다. 밤에 헤어질 때는 おやすみなさい를 사용하며, さようなら는 아주 헤어지는 느낌을 주므로 가까운 사이나 자주 만나는 사이라면 좀처럼 쓰지 않습니다. 대신 じゃ, またね!, 気をつけてね! 등이 일상적인 작별 인사로 많이 쓰입니다.

Unit 1 헤어질 때

같은 직장이나 학교 등에서 매일 만나는 상대와 헤어질 때는 친한 사이라면 「じゃ、また(그럼 또 봐요)」라고 가볍게 인사하고, 오랫동안 헤어질 때는 「さようなら(안녕히 가세요)」라고 인사를 나눈다.

☑ **안녕히 가세요.**

さようなら。
사요-나라

☐ **안녕히 가세요.**

ごきげんよう。
고끼겡요-

☐ **언제 가까운 시일에 또 만납시다.**

また いずれ 近^{ちか}いうちに また 会^あいましょう。
마따   이즈레   치까이 우찌니   마따   아이마쇼-

☐ **그럼, 또 내일 봐요.**

では、また あした。
데와   마따   아시따

이 표현은 「じゃ、また あした 会(あ)いましょう(그럼, 내일 또 만납시다)」를 줄여서 표현한 것으로 매일 만나는 사이일 경우 헤어질 때 쓰이는 작별의 인사이다. 간편하게 말할 때는 「じゃ、またした」라고도 한다.

Unit 2 자리에서 일어날 때

모임이나 회식 또는 남의 집을 방문했을 때, 다른 사람들보다 조금 일찍 자리를 떠야 할 때는 먼저 일어나겠다는 인사와 초대한 대한 고마운 마음, 그리고 다음에 다시 만날 것을 기대한다는 인사말 정도는 기본적으로 해야 한다.

✓ 이제 가야겠습니다.

もう おいとまいたします。
모— 오이또마 이따시마스

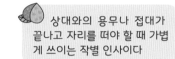
상대와의 용무나 접대가 끝나고 자리를 떠야 할 때 가볍게 쓰이는 작별 인사이다

□ 만나서 반가웠습니다.

お会いできて うれしかったです。
오아이데끼떼　우레시깟따데스

「お会いできる」는 「会う」의 존경 표현인 「お会いする」의 가능 표현이다.

□ 즐거웠습니다.

楽しかったです。
다노시깟따데스

□ 저녁을 잘 먹었습니다.

夕食を ごちそうさまでした。
유—쇼꾸오 고찌소—사마데시따

□ 초대해 줘서 고마워요. 정말 즐거웠습니다.

ご招待 ありがとう。すっかり 楽しんでしまいました。
고쇼—따이 아리가또—　슥까리　다노신데 시마이마시따

□ 그럼 조심해서 가세요. 또 오세요.

では、気を つけて。また 来てくださいね。
데와　기오 쓰께떼　마따　기떼 구다사이네

「~に よろしく おつたえください(~에게 잘 안부 전해 주십시오)」는 헤어지면서 다른 상대의 안부를 전할 때 쓰이는 표현으로 보통 간편하게 줄여서 「~に よろしく」라고 한다.

☑ 즐겁게 다녀와.
楽しんでらっしゃい。
다노신데 랏샤이

> 「~でらっしゃい」는
> 「~でらっしゃい」를 줄여서
> 표현한 형태이다.

☐ 기무라 선생님께 부디 안부 전해 주십시오.
木村先生に どうぞ よろしく お伝えください。
기무라 센세-니   도-조   요로시꾸   오쓰따에구다사이

☐ 여러분께 안부 전해 주세요.
皆さまに よろしく。
미나사마니   요로시꾸

☐ 부모님께 안부 전해 주세요.
ご両親に よろしく。
고료-신니   요로시꾸

> 「~とのことでした」는
> 남에게 들은 이야기를 전할
> 때 쓰이는 표현이다.

☐ 다나카 씨를 우연히 만났는데, 당신에게 안부 전해 달라고 하던데요.
田中さんに 偶然会いましたら、あなたに よろしくと
のことでした。
다나까산니   구-젱   아이마시따라   아나따니 요로시꾸또노 꼬또데시따

☐ 가족 모두에게 부디 안부 전해 주십시오.
ご家族の方に ぐれぐれも よろしく お伝えください。
고가조꾸노   가따니 구레구레모   요로시꾸   오쓰따에 구다사이

PART

2

세련된 교제를 위한 표현

일본인과 세련되고 예의바른 교제를 원한다면 이 장에서 소개되는 감사, 사죄, 방문 등의 표현을 잘 익혀 두어야 합니다. 아무리 친한 친구라 하더라도 집에까지 초대하지는 않는다는 일본인도 많습니다. 집이 좁기 때문일지도 모르지만 대개 일본인들은 자기 집안을 남에게 보이는 것을 꺼리기 때문이기도 합니다. 그러므로 일본인 집에 손님으로 초대받는 것은 친구 관계가 상당히 깊어졌거나 대단한 호의에 의한 것이라 생각해도 좋습니다.

Chapter 01

고마움을 나타낼 때

「~해 줘서 고마워요」라고 감사의 내용을 전할 경우에는 ~してくれ
てありがとう를 사용하면 편리합니다. 예를 들면 다음과 같이 사용
합니다. 手伝ってくれてありがとう(도와줘서 고마워요), お招きい
ただいてありがとう(초대해 줘서 고마워요), 迎えに来てくれてあ
りがとう(마중 나와 줘서 고마워요) 감사 표현의 하나인 ありがとう
ございます에 대한 대표적인 응답 표현으로는 どういたしまして와
こちらこそ 등이 있습니다.

Unit 1 고마움을 말할 때

상대방에 대한 고마움의 표시는 아무리 해도 지나치지 않으므로 일본인과의 원만한 인
간관계를 위해서는 잘 익혀두는 게 바람직하다. 고마움을 표할 때 가장 일반적인 표현이
「ありがとう(고마워요)」이다.

☑ **고마워요.**
　ありがとう。
　아리가또-

> 「ありがとう」는 우리말의 「고마워요」
> 에 해당하는 말로, 친근한 사이나 아랫사람
> 에게 가볍게 고마움을 나타낼 때 쓰인다.

☐ **네, 고마워요.**
　はい、どうも。
　하이　　도-모

> 「どうも」는 본래 「매우, 전혀, 도무
> 지, 정말로」의 뜻을 가진 부사어이지만,
> 「どうも ありがとう(정말 고맙습니다)」
> 를 줄여서 「どうも」만으로도 쓰인다.

☐ **고맙습니다.**
　ありがとう ございます。
　아리가또-　　고자이마스

☐ **정말로 고맙습니다.**
　本当に ありがとう ございます。
　혼또-니　아리가또-　　고자이마스

☐ **여러모로 신세를 많이 졌습니다.**
　いろいろ お世話になりました。
　이로이로　　오세와니 나리마시따

> 世話になる 신세를 지다,
> 世話をする 보살피다, 주선하다

상대의 친절한 행위나 동작, 말에 대한 배려에 대해서 구체적인 고마움을 나타낼 때는
「～に ありがとう」라고 하면 된다.

☑ **호의에 감사드려요.**

ご好意 ありがとう。
<ruby>こう<rt></rt></ruby><ruby>い<rt></rt></ruby>

고코―이　　아리가또―

☐ **친절에 대해 줘서 고마워요.**

ご親切に どうも。
しん せつ

고신세쯔니　　도―모

☐ **친절하게 대해 줘서 많은 도움이 되었습니다.**

ご親切に、たいへん 助かりました。
しん せつ　　　　　　　　　　　　　 たす

고신세쯔니　　　　다이헨　　　　다스까리마시따

☐ **덕택에 도움이 되었습니다.**

あなたの おかげで 助かりました。
たす

아나타노　　　　오까게데　　　다스까리마시따

☐ **칭찬해 주셔서 고마워요.**

誉めていただいて、どうも。
ほ

호메떼 이따다이떼　　　　　　도―모

상대의 행위에 감사를 표현할 때는 「~て くれて ありがとう(~해 줘서 고마워요)」라고 하며, 더욱 정중하게 표현할 때는 「~て くださって ありがとう ございます(~해 주셔서 고맙습니다)」라고 한다.

☑ **마중을 나와 주셔서 정말로 고맙습니다.**

お出迎えいただいて 本当に ありがとうございます。

오데무까에 이따다이떼　　　혼또-니　　아리가또- 고자이마스

☐ **알려 줘서 고마워.**

知らせてくれて ありがとう。

시라세떼 구레떼　　　아리가또-

☐ **격려해 줘서 고마워요.**

励ましてくれて ありがとう。

하게마시떼 구레떼　　　아리가또-

☐ **만나러 와 줘서 고마워.**

会いに 来てくれて ありがとう。

아이니　　　기떼 구레떼　　　아리가또-

☐ **음악회 표, 고마웠습니다.**

音楽会の 切符、ありがとう ございました。

옹가꾸까이노　　　깁뿌　　　아리가또-　　　고자이마시따

☐ **거들어 줘서 고마워요.**

お手伝い ありがとう。

오테쓰다이　　　아리가또-

Unit 4 선물을 주고받을 때

선물을 주고받는다는 것은 상대와의 친밀감을 한층 더한다. 일본인은 명절이나 특별히 기념할 만한 날이 있으면 가깝게 지내는 사람에게 선물(お土産)를 주고받는 풍습이 있다.

☑ **선물 무척 고마워요.**

プレゼントを どうも ありがとう。
푸레젠또오　　　도－모　　아리가또－

우리말의 「선물」에 해당하는 일본어는 세 가지가 있다. 「贈(おく)り物(もの)」는 명절 등 특별한 날에 주는 선물을 말하고, 「プレゼント」는 생일 따위의 기념하는 날의 선물을 말한다. 「お土産(みやげ)」는 여행 등에서 사온 선물을 말한다.

☐ **멋진 선물을 줘서 고마워요. 풀어도 될까요?**

すてきな プレゼントを ありがとう。
스떼끼나　　푸레젠또오　　　아리가또－

開けても いいですか。
아께떼모　　　이－데스까

☐ **저에게 주시는 겁니까? 너무 고마워요.**

私に くださるのですか。どうも ありがとう。
와따시니 구다사루노데스까　　　도－모　　아리가또－

☐ **뜻밖입니다. 너무 고마워요.**

思いがけない ことです。どうも ありがとう。
오모이가께나이　　　고또데스　　　도－모　　아리가또－

☐ **이런 것을 전부터 갖고 싶었습니다.**

こういう 物を 前から 欲しいと 思っていました。
고－유－　　모노오 마에까라　호시－또　　오못떼 이마시따

☐ **고마워요. 이런 것을 하시지 않아도 되는데…….**

ありがとう。そんなこと なさらなくても よかったのに。
아리가또－　　손나 고또　　나사라나꾸떼모　　요깟따노니

Part 2 세련된 교제를 위한 표현

여기서는 상대에게 정중하게 감사를 전하는 표현을 익힌다. 「感謝(かんしゃ)する」는 한자어의 감사 표현으로 「ありがとう」보다는 다소 격식을 차린 느낌으로 쓰인다.

☑ 그렇게 해 주시면 무척 고맙겠습니다만.

そうして いただければ、とても ありがたいのですが。
소ー 시떼　이따다께레바　　　도떼모　아리가따이노데스가

□ 친절을 베풀어 주셔서 정말 감사하고 있습니다.

ご親切に、本当に 感謝しております。
고신세쯔니　　혼또ー니　간샤시떼 오리마스

□ 저희 회사에 방문해 주셔서 깊은 감사를 드립니다.

ご来社くださり 厚く お礼を 申し上げます。
고라이샤 구다사리　　아쯔꾸 오레ー오　모ー시아게마스

□ 뭐라 감사의 말씀을 드려야 좋을지 모르겠습니다.

何と 御礼を 申したら いいのか わかりません。
난또　오레ー오　모ー시따라　이ー노까　　와까리마셍

□ 아무리 감사를 드려도 부족할 정도입니다.

いくら 感謝しても しきれない ほどです。
이꾸라　간샤시떼모　　시끼레나이　　호도데스

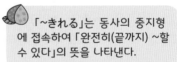

「~きれる」는 동사의 중지형에 접속하여 「완전히(끝까지) ~할 수 있다」의 뜻을 나타낸다.

Unit **6** 고마움 표시에 대한 응답

상대가 감사의 표시를 하거나 사죄를 해 올 때 적절하게 대처할 수 있는 감사와 사죄에 대한 응답 요령을 배운다. 상대의 감사 표시에 대한 응답 표현으로는 どういたしまして와 こちらこそ 등이 있다.

☑ **천만에요.**

どういたしまして。
도- 이따시마시떼

> 「どういたしまして」는 남에게 감사, 칭찬, 사과의 말을 들었을 때, 그것을 겸손하게 부정하는 인사말로 「별말씀 다 하십니다, 천만의 말씀입니다」의 뜻으로 쓰인다.

☐ **천만에요. 도움이 되어서 기쁩니다.**

どういたしまして。お役に 立てて うれしいです。
도- 이따시마시떼　　　　오야꾸니　　다떼떼　　우레시-데스

☐ **천만에요. 감사할 것까지는 없습니다.**

どういたしまして。礼には およびません。
도- 이따시마시떼　　　　레-니와　　오요비마셍

☐ **저야말로 감사합니다.**

こちらこそ どうも ありがとう。
고찌라꼬소　　도-모　　아리가또-

> 「こちら」는 여기서처럼 말하는 사람 자신을 가리키거나 또는 말하는 사람과 가까이 있는 사람을 공손하게 가리키기도 한다.

Chapter 02 사죄·사과를 할 때

일상생활에 자주 쓰이는 사죄의 표현 중 하나는 약속 시간에 늦는 경우일 것입니다. 그럴 때는 遅れてごめんなさい(늦어서 미안해요), お待たせしてごめんなさい(기다리게 해서 미안해요), 여기서 늦은 이유를 말하고 싶을 때는 バスが遅れたの(버스가 늦어서 말이야)라고 말하십시오. すみません과 ごめんなさい의 사죄에 대한 응답 표현으로는 いいですよ와 かまいませんよ, 大丈夫です 등이 있습니다.

Unit 1 실례를 할 때

일본인은 어렸을 때부터 상대에게 폐「迷惑(めいわく)」를 끼치지 않고 살아가기를 철저하게 교육받는다. 이런 교육의 영향으로 상대에게 피해라고 여겨지면 실례나 사죄의 말이 입에서 저절로 나올 정도이다.

☑ **실례합니다만, 일본 분입니까?**
しつれい　に　ほん　　かた
失礼ですが、日本の 方ですか。
시쯔레-데스가　　니혼노　　가따데스까

☐ **실례합니다만, 성함을 여쭤도 되겠습니까?**
しつれい　　　　な　まえ
失礼ですが、お名前を うかがって よろしいですか。
시쯔레-데스가　　오나마에오　우까갓떼　　요로시-데스까

☐ **잠깐 실례합니다. 지나가도 될까요?**
とお　ぬ
ちょっと すみません。通り抜けてもいいでしょうか。
촛또　　　스미마셍　　　도-리누께떼모 이-데쇼-까

☐ **잠깐 실례하겠습니다. 곧 돌아오겠습니다.**
しつれい　　　　　もど
ちょっと 失礼します。すぐ 戻ります。
촛또　　　시쯔레-시마스　스구　모도리마스

> 「失礼(しつれい)する」는 「실례하다, 미안하다」의 뜻으로 정중하게 말할 때는 「する」의 경양어인 「いたす」로 표현한다.

Unit **2** 사죄를 할 때

상대방에게 실수나 잘못을 하여 사죄나 사과를 할 때는 보통 「すみません(미안합니다)」, 「ごめんなさい(미안합니다)」가 가장 일반적이며, 이보다 더욱 정중하게 사죄를 할 때는 「申し訳ありません(죄송합니다)」이라고 한다.

☑ 미안해요.

ごめんなさい。
고멘나사이

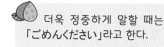
더욱 정중하게 말할 때는 「ごめんください」라고 한다.

☐ 미안합니다.

すみません。
스미마셍

「すみません」은 편하게 「すいません」이라고도 하며, 사과의 뜻을 나타낼 때는 「죄송합니다」, 사람을 부르거나 불러서 부탁할 때는 「실례합니다」, 감사의 뜻을 나타낼 때는 「고맙습니다, 감사합니다」의 뜻으로 쓰인다.

☐ 너무 죄송했습니다.

どうもすみませんでした。
도-모 스미마센데시따

☐ 너무 죄송해요. 그럴 생각이 아니었어요.

どうもすみません。そんな つもりじゃなかったんです。
도-모 스미마셍　　　　손나　　　쓰모리쟈 나깟딴데스

☐ 뭐라고 사죄를 드려야 좋을지 모르겠습니다.

何と お詫びして よいか わかりません。
난또　오와비시떼　　요이까　　와까리마셍

☐ 죄송합니다.

申し訳ありません。
모-시 와께 아리마셍

Unit 3 행위에 대해 사과할 때

「~て すみません」은 「~해서 미안합니다」의 뜻으로 구체적으로 잘못을 인정하면서 사과를 할 때 쓰이는 표현이다. 사죄의 응답 표현으로는 「いいですよ」, 이외에 「大丈夫(だいじょうぶ)ですよ」나 「気(き)にしないでください」 등이 있다.

☑ **늦어서 미안합니다.**

遅くなって すみません。

오소꾸낫떼　　스미마셍

> 「迷惑(めいわく)を かける」는 「폐를 끼치다」의 뜻으로, 자신의 잘못이나 실수로 인해 상대가 폐를 입었을 때 사죄하는 표현이다.

☐ **폐를 끼쳐 드려서 죄송합니다.**

ご迷惑を おかけして 申し訳ありません。

고메-와꾸오　오까께시떼　　　모-시와께 아리마셍

☐ **이렇게 되고 말아 죄송합니다.**

こんな ことに なってしまって ごめんなさい。

곤나　　고또니　낫떼 시맛떼　　　고멘나사이

☐ **기다리게 해서 죄송했습니다.**

お待たせして すみませんでした。

오마따세시떼　　　스미마센데시따

☐ **미안해요. 부주의였습니다.**

すみません。不注意でした。

스미마셍　　　　　후쮸-이데시다

☐ **정말로 미안합니다. 깜빡했습니다.**

本当に すみません。うっかりしました。

혼또-니　　스미마셍　　　욱까리 시마시따

Unit 4 용서를 구할 때

상대에게 중대한 실수나 폐를 끼쳤다면 우선 사죄를 하고 용서를 구하는 것이 당연하다. 여기서는 기본적으로 쓰이는 용서의 표현을 익히도록 하자.

☑ 제발 용서해 주세요.
どうか 許してください。
도-까   유루시떼 구다사이

> 「どうか」는 「아무쪼록, 부디」의 뜻으로 남에게 공손하게 부탁하거나 바랄 때 쓰인다.

☐ 용서해 주시겠습니까?
許して いただけますか。
유루시떼   이따다께마스까

☐ 앞으로는 주의를 하겠습니다.
今後は 気を つけます。
공고와   기오   쓰께마스

> 気をつける 주의하다, 조심하다

☐ 어쩔 수 없었습니다.
仕方が なかったんです。
시까따가   나깟딴데스

☐ 폐를 끼쳐 드릴 생각은 없었습니다.
ご迷惑を おかけする つもりは なかったのです。
고메-와꾸오   오까께스루   쓰모리와   나깟따노데스

☐ 폐가 되지 않는다면 좋겠습니다만.
お邪魔に ならなければ よろしいんですが。
오쟈마니   나라나께레바   요로시인데스가

사죄나 사과를 할 때 쓰이는 すみません과 ごめんなさい 등에 대한 응답 표현으로는 い いですよ와 かまいませんよ, 大丈夫です 등이 있다.

☑ **괜찮아요.**

いいんですよ。
이인데스요

> 이 표현은 화가 난 듯이 하면 상대에게 실례를 끼칠 수 있다.

☐ **괜찮아요. 아무것도 아닙니다.**

大丈夫。何でも ありませんよ。
だいじょう ぶ   なん

다이죠-부   난데모   아리마셍요

☐ **대수로운 것은 아닙니다.**

たいした ことは ありませんよ。
다이시따   고또와   아리마셍요

> 「大した」는 뒤에 부정어 가 오면 「이렇다 할, 대단한, 별」의 뜻으로 쓰이고, 반대로 긍정어가 오면 「엄청난, 대단 한, 굉장한」의 뜻이 된다.

☐ **상관없어요.**

かまいませんよ。
가마이마셍요

☐ **괜찮아요. 걱정하지 말아요.**

いいんですよ。気に しないでください。
き

이인데스요   기니   시나이데 구다사이

☐ **아무것도 아니에요. 걱정하지 말아요.**

何でもないですよ。ご心配なく。
なん   しんぱい

난데모 나이데스요   고심빠이 나꾸

> 「~ないでください」는 「~하지 말아 주세요」의 뜻으 로 양보를 나타낼 때 쓰인다.

☑ **저야말로 죄송합니다.**

私^{わたし}のほうこそ ごめんなさい。

와따시노 호-꼬소　고멘나사이

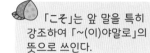

「こそ」는 앞 말을 특히 강조하여 「~(이)야말로」의 뜻으로 쓰인다.

☐ **제가 잘못했습니다.**

私^{わたし}が いけませんでした。

와따시가 이께마센데시따

☐ **저야말로 잘못했습니다.**

私^{わたし}こそ 悪^{わる}かったんです。

와따시꼬소 와루깟딴데스

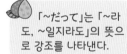

「悪(わる)い」는 본래 「나쁘다」라는 뜻의 형용사이지만, 여기서처럼 폐를 끼쳐서 「미안하다」의 뜻으로 사과를 할 때도 쓰인다.

☐ **괜찮아요. 누구라도 틀려요.**

いいんですよ。誰^{だれ}だって 間違^{まちが}えますよ。

이인데스요　　　　다레닷떼　　마찌가에마스요

☐ **아니, 괜찮아요. 어쩔 수 없어요.**

いや、大丈夫^{だいじょうぶ}。仕方^{しかた}ありませんよ。

이야　　다이죠-부　　시까따 아리마셍요

「~だって」는 「~라도, ~일지라도」의 뜻으로 강조를 나타낸다.

Chapter 03

축하와 환영을 할 때

축하를 할 때 쓰이는 표현으로는 よくやりましたね, おめでとう처럼 어떤 성과에 대한 축하와 誕生日おめでとう나 新年おめでとう처럼 인사로 축하할 때가 있습니다. 친근한 사이라면 おめでとう라고 해도 무방하지만, 정중하게 말할 때는 ございます를 덧붙여 おめでとうございます라고 합니다. 또한 축하에 대한 응답으로는 ありがとう나 おかげさまで로 하면 됩니다.

Unit 1 축하할 때

「おめでとう」는 축하 표현으로 좋은 결과에 대해 칭찬할 때도 쓰인다. 축하할 만한 일이 있으면 다음의 표현을 잘 익혀서 아낌없이 축하해주도록 하자.

☑ **축하해요.**

おめでとう。
오메데또-

> 정중하게 말할 때는 「おめでとうございます」라고 한다.

☐ **축하합니다.**

おめでとう ございます。
오메데또-   고자이마스

☐ **생일 축하해.**

たんじょう び
誕生日おめでとう。
탄죠-비 오메데또-

> 「생일」을 우리말로 직역하여 「生日」이라고 하지 않도록 주의한다.
> *生年月日(せいねんがっぴ)

☐ **졸업, 축하해.**

そつぎょう
ご卒業おめでとう。
고소쯔교- 오메데또-

> 卒業(そつぎょう) 졸업 ↔ 入学(にゅうがく) 입학

☑ 승진을 축하드립니다.

ご昇進 おめでとう ございます。
しょうしん

고쇼-싱　　오메데또-　　　고자이마스

□ 합격을 축하해요.

合格 おめでとう。
ごうかく

고-까꾸 오메데또-

□ 출산을 진심으로 축하드립니다.

心から 진심으로

ご誕生を 心から お祝い 致します。
たんじょう　こころ　　いわ いた

고탄죠-오　　고꼬로까라 오이와이 이따시마스

□ 결혼을 축하드립니다.

ご結婚 おめでとう ございます。
けっこん

고켓꽁　　　오메데또-　　　고자이마스

□ 축하해요. 다행이네요.

おめでとう。良かったですね。
よ

오메데또-　　　요깟따데스네

「よかった」는 「よい」의 과거형이지만 관용적으로 「다행이다, 잘 됐다」의 뜻으로도 쓰인다.

□ 축하해요. 선물입니다.

おめでとう。プレゼントです。

오메데또-　　　푸레젠또데스

여기서는 명절이나 새해, 기념일에 기원과 축복을 빌 때 쓰이는 기본적인 표현을 익힌다.
「おめでとう」는 「めでたい(경사스럽다)」에 「ございます」가 접속되었을 때 「う음편」을 한
형태로 축하할 때 쓰이는 기본적인 표현이다.

☑ 부디 행복하세요.

どうぞ お幸せに。
도―조　　오시아와세니

□ 새해 복 많이 받아요.

新年 おめでとう。
신넹　　오메데또―

□ 새해 복 많이 받아요.

あけまして おめでとう ございます。
아께마시떼　　오메데또―　　고자이마스

□ 메리 크리스마스!

メリー クリスマス!
메리―　　쿠리스마스!

일본에서는 음력으로 설을 지내지 않고 양력으로 설을 지낸다. 설 연휴 중에 만났을 때 쓰이는 관용적인 표현이므로 잘 익혀 두도록 하자.

□ 발렌타인데이, 축하해.

バレンタインデー、おめでとう。
바렌따인데―　　　　　　오메데또―

□ 결혼기념일 축하해요.

結婚記念日 おめでとう。
겟꽁 기넴비　　　오메데또―

Unit **3** 환영할 때

いらっしゃいました나 おいでくださいました를 생략하여 ようこそ만으로 방문해 온 사람을 맞이하는 환영의 인사말로 쓰인다.

☑ **잘 오셨습니다.**

ようこそ。
요-꼬소

☐ **참으로 잘 와 주셨습니다.**

ようこそ おいでくださいました。
요-꼬소　　　오이데 구다사이마시따

> 「おいでになる」는 「行く (가다), 来る(오다), いる(있 다)」의 높임말이다.

☐ **한국에 잘 오셨습니다.**

ようこそ 韓国へ。
요-꼬소　　　캉꼬꾸에

☐ **입사를 환영합니다.**

入社を 歓迎します。
뉴-샤오　　　캉게-시마스

☐ **기무라 씨, 진심으로 환영합니다.**

木村さん、心より 歓迎いたします。
기무라상　　　　고꼬로요리 캉게- 이따시마스

Part 2　세련된 교제를 위한 표현

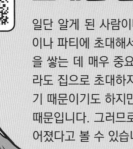

Chapter 04

초대를 할 때

일단 알게 된 사람이나 친구와 한층 더 친해지기 위해서 자신의 집이나 파티에 초대해서 대화를 나누는 것은 서로의 거리낌 없는 친분을 쌓는 데 매우 중요한 의미를 갖습니다. 아무리 친한 친구라 하더라도 집으로 초대하지 않는다는 일본인도 많습니다. 이것은 집이 좁기 때문이기도 하지만 대개 자기 집안을 남에게 보이는 것을 꺼리기 때문입니다. 그러므로 일본인 집에 초대받는 것은 관계가 상당히 깊어졌다고 볼 수 있습니다.

Unit 1 초대를 제의할 때

초대를 할 때는 우선 상대의 사정을 물은 뒤 폐가 되지 않도록 ~ませんか나 お~てください 등의 표현을 써서 정중하면서도 완곡하게 제의해야 한다.

☑ 우리 집에 식사하러 오지 않겠어요?

わたしの 家に 食事に 来ませんか。
와따시노　이에니　쇼꾸지니　기마셍까

☐ 이번 일요일 저녁에 식사하러 오시지 않겠습니까?

今度の 日曜の夕方、お食事に
いらっしゃいませんか。
곤도노 니찌요-노 유-가따 오쇼꾸지니 이랏샤이마셍까

「동작성 명사+
にいらっしゃる」~하
러 오시다(가시다)

☐ 근간 함께 식사라도 하시지요.

そのうち いっしょに 食事でも いたしましょうね。
소노 우찌　　잇쇼니　　쇼꾸지데모　　이따시마쇼-네

☐ 언제 놀러 오세요.

いつか 遊びに 来てください。
이쯔까　아소비니　기떼 구다사이

Unit 2 초대를 승낙할 때

초대를 제의 받았을 때 기꺼이 승낙을 표현하고자 할 때는 喜(よろこ)んで, もちろん, き
っと 등의 부사어를 사용하여 초대에 대한 고마움을 확실히 표현해 보자.

☑ **기꺼이 가겠습니다.**

喜んで うかがいます。

요로꼰데   우까가이마스

> 「喜んで」는 「喜ぶ(기뻐하
> 다)」에서 파생되어 「기꺼이」라
> 는 뜻으로 부사어처럼 쓰인다.

□ **물론 가겠습니다.**

もちろん 行きます。

모찌롱   이끼마스

□ **꼭 가겠습니다.**

きっと 行きます。

깃또   이끼마스

□ **초대해 줘서 고마워.**

招いてくれて ありがとう。

마네이떼 구레떼   아리가또-

> 「~てありがとう ございま
> す」는 「~해 줘서 고맙습니다」의
> 뜻으로, 여기서는 초대해 줘서 상
> 대방에게 고맙다는 감사의 인사
> 표시이다.

□ **좋지요.**

いいですねえ。

이-데스네-

Part 2 세련된 교제를 위한 표현

모처럼의 초대를 거절할 때는 상대방이 기분이 나쁘지 않도록 우선 사죄를 하고 응할 수 없는 사정을 적절하게 표현할 수 있어야 한다.

☑ **유감스럽지만 갈 수 없습니다.**

残念ながら 行けません。

잔넨나가라　　　이께마셍

> 「ながら」는 「~면서도, ~지만」의 뜻으로 앞의 사실과 모순됨을 나타내기도 한다.

□ **그 날은 갈 수 없을 것 같은데요.**

その日は 行けないようですが。

소노히와　　　이께나이 요-데스가

□ **공교롭게 그 때는 바쁩니다.**

あいにく その時は 忙しいんです。

아이니꾸　　소노 또끼와　　이소가시인데스

□ **꼭 그렇게 하고 싶은데, 유감스럽지만 안 되겠어요.**

ぜひ そうしたいのですが、残念ながら だめなんです。

제히　소-시따이노데스가　　　잔넨나가라　　　다메난데스

□ **가고 싶은 마음은 태산 같은데…….**

行きたいのは やまやまですが……。

이끼따이노와　　　　야마야마데스가…

> 「やまやま」는 어떤 일을 하고 싶은 마음이 태산 같다는 것을 나타낸다.

□ **그 날은 선약이 있어서요.**

その日は 先約が ありますので。

소노히와　　　셍야꾸가　　아리마스노데

48

Chapter 05

방문을 할 때

약속하고 나서 방문하는 것이 일반적이지만, 아무런 예고도 없이 찾아가 만날 상대가 없을 때에 도움이 되는 표현도 함께 익힙시다. 집을 방문할 때는 ごめんください라고 상대를 부른 다음 집주인이 나올 때까지 대문이나 현관에서 기다립니다. 주인이 どちらさまですか라면서 나오면, こんにちは, 今日はお招きくださってありがとうございます, お世話になります 등의 인사말을 하고 상대의 안내에 따라 집안으로 들어서면 됩니다.

Unit 1 방문한 곳의 현관에서

「ごめんください」는 본래 사죄를 할 때 쓰이는 말이지만, 남의 집 현관에서 안에 있는 사람을 부를 때도 쓰인다. 좀더 가벼운 표현으로는 「ごめんなさい」라고 한다.

☑ **기무라 씨 댁이 맞습니까?**

木村さんの お宅は こちらでしょうか。

기무라산노　　　오따꾸와　　고찌라데쇼―까

☐ **요시다 씨는 댁에 계십니까?**

吉田さんは ご在宅ですか。

요시다상와　　　고자이따꾸데스까

「お(ご) 〜です」는 존경 표현의 하나이다.

☐ **김입니다. 야마자키 씨를 뵙고 싶습니다만.**

金です。山崎さんに お目にかかりたいんですが。

김데스　　　야마자끼산니　　　오메니카까리따인데스가

☐ **기무라 씨와 3시에 약속을 했는데요.**

木村さんと3時に 約束してありますが。

기무라산또 산지니　　　약소꾸시떼 아리마스가

「〜て ある」는 타동사에 접속하여 상태를 나타낸다.

49

방문지에 도착하여 인사를 나눈 뒤 주인의 안내로 집안으로 들어간다. 일본도 우리와 마찬가지로 실내에서는 신발을 신지 않는다. 이 때 준비해온 선물을 これを どうぞ라고 하면서 건넨다.

☑ **좀 일찍 왔습니까?**

> 「～すぎる」는 동사의 중지형에 접속하여 「너무(지나치게 ～하다」의 뜻을 나타낸다.

ちょっと 来るのが 早すぎましたか。
촛또　　　구루노가　　　하야스기마시따까

☐ **늦어서 죄송합니다.**

遅くなって すみません。
오소꾸낫떼　　　스미마셍

> ～て すみません
> ～해서 미안합니다

☐ **(선물을 내밀며) 이걸 받으십시오.**

これを どうぞ。
고레오　　도―조

☐ **일하시는 데에 방해가 되지 않았으면 좋겠는데요.**

仕事の お邪魔にならなければ いいのですが。
시고또노　　　오쟈마니 나라나께레바　　　　　　　　　이―노데스가

☐ **실례합니다만, 화장실은 어디?**

失礼ですが、トイレは?
시쯔레―데스가　　　토이레와

Unit 3 방문을 마칠 때

おじゃまします는 남의 집을 방문했을 경우에 하는 인사말로, 대접을 받고 나올 때는 お
じゃましました라고 말한다. 이에 주인은 何も おかまいしませんで(대접이 변변치 못했
습니다) 또는 また いらしてください(또 놀러 오세요) 등으로 인사를 한다.

☑ **슬슬 일어나겠습니다.**

そろそろ おいとまします。
소로소로　　　오이또마시마스

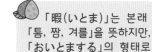

「暇(いとま)」는 본래
「틈, 짬, 겨를」을 뜻하지만,
「おいとまする」의 형태로
쓰일 때는 작별을 나타낸다.

☐ **너무 시간이 늦어서요.**

もう 時間が 遅いですから。
모ー　　지깐가　　　오소이데스까라

☐ **무척 즐거웠어. 정말로 고마워.**

とても 楽しかった。ほんとうに ありがとう。
도떼모　　다노시깟따　　　혼또ー니　　　아리가또ー

☐ **정말로 말씀 즐거웠습니다.**

本当に 楽しく お話しできました。
혼또ー니　　다노시꾸 오하나시 데끼마시따

☐ **오늘은 만나서 즐거웠습니다.**

今日は 会えて うれしかったです。
쿄ー와　　　아에떼　　우레시깟따데스

☐ **저희 집에도 꼭 오십시오.**

私の方にも ぜひ 来てください。
와따시노 호ー니모 제히　　기떼 구다사이

Part 2 세련된 교제를 위한 표현

Chapter 06

방문객을 맞이할 때

먼저 손님이 찾아오면 いらっしゃい, どうぞ라고 맞이한 다음 どうぞお入りください라고 하며 안으로 안내를 합니다. 안내한 곳까지 손님이 들어오면 何か飲み物はいかがですか로 마실 것을 권유한 다음 식사를 합니다. 상대가 일찍 가려고 하면 もうお帰りですか라고 만류합니다. 방문을 마치고 돌아가는 손님에게 ぜひまたいらしてください라고 다시 방문할 것을 의뢰합니다.

Unit 1 방문을 받았을 때

いらっしゃい는 존경의 동사인 いらっしゃる의 명령형으로 높여서 말할 때는 ませ를 붙여 말하기도 한다. 이것은 점원이 고객을 맞이할 때도 쓰인다.

☑ **누구십니까?**

どちら様でしょうか。

도찌라사마데쇼―까

「どちらさまでしょうか」는 방문한 사람의 신원을 확인할 때 쓰는 말이다.

☐ **잘 오셨습니다.**

ようこそ いらっしゃいました。

요―꼬소 　이랏샤이마시따

「いらっしゃいました」나 「おいでくださいました」를 생략하여 「ようこそ」만으로 방문해 온 사람을 맞이하는 인사말로 쓰인다.

☐ **어서 오세요. 무척 기다리고 있었습니다.**

ようこそ。楽しみにお待ちしていました。

요―꼬소 　다노시미니 오마찌시떼 이마시따

☐ **이런 건 가지고 오시지 않아도 되는데, 고마워요.**

そんなこと なさらなくても 良かったのに。ありがとう。

손나 고또 　나사라나꾸떼모 　요깟따노니 　아리가또―

どうぞ는 남에게 정중하게 부탁할 때나 바랄 때 하는 말로 우리말의 「부디, 아무쪼록」에 해당하며, 또한 남에게 권유할 때나 허락할 때도 쓰이는 아주 편리한 말이다.

☑ 자 들어오십시오.

どうぞ お入りください。
도-조　　　오하이리 구다사이

□ 이쪽으로 오십시오.

こちらへ どうぞ。
고찌라에　　　도-조

□ 이쪽으로 앉으십시오.

こちらへ おかけください。
고찌라에　　　오까께 구다사이

□ 자, 편히 하십시오.

どうぞ くつろいでください。
도-조　　　구쓰로이데 구다사이

> 방문한 사람이 집안으로 들어오면 우선 마음을 편하게 하는 것이 무엇보다 중요하다. 이럴 때 주인은 「どうぞ くつろいでください」나 「どうぞ お楽(らく)に」라고 한다.

□ 커피를 드시겠습니까?

コーヒーは いかがですか。
코-히-와　　　이까가데스까

□ 자, 마음껏 드십시오.

どうぞ ご自由に 召し上がってください。
도-조　　　고지유-니　　　메시아갓떼 구다사이

> 「めしあがる」는 「たべる(먹다), のむ(마시다)」의 존경어로 우리말의 「드시다」에 해당한다.

손님이 자리를 뜨려고 하면 일단 만류하는 것이 우리와 마찬가지로 일본에서도 예의이다. 그렇다고 마냥 눈치 없이 앉아 있는 것도 폐가 되므로 초대에 대한 감사를 표시한 다음 자리에서 일어나도록 하자.

☑ **벌써 가시겠습니까?**

もう お帰りですか。

모ー 오까에리데스까

☐ **저녁이라도 드시고 가지 않겠습니까?**

夕食を 召し上がって 行きませんか。

유ー쇼꾸오 메시아갓떼 이끼마셍까

☐ **저야 괜찮습니다.**

わたしの方は かまわないんですよ。

와따시노 호ー와 가마와나인데스요

☐ **그럼, 만류하지는 않겠습니다.**

それじゃ、お引き留めは いたしません。

소레쟈 오히끼또메와 이따시마셍

☐ **와 주셔서 저야말로 즐거웠습니다.**

来ていただいて、こちらこそ 楽しかったです。

기떼 이따다이떼 고찌라꼬소 다노시깟따데스

☐ **언제든지 또 오십시오.**

いつでも また 来てください。

이쯔데모 마따 기떼 구다사이

54

Chapter 07

약속을 할 때

상대와 약속을 할 때는 우선 상대방의 형편이나 사정을 물어본 다음 용건을 말하고 시간과 장소를 말하는 것이 순서입니다. 상대방의 사정이나 형편을 고려하지 않고 일방적으로 결정해서는 안 됩니다. 가능하면 장소와 시간은 상대방이 정하는 게 좋습니다. 이럴 때 쓰이는 일본어 표현이 ご都合はよろしいですか입니다. 시간을 정할 때는 …に会いましょう라고 하며, 약속 장소를 정할 때는 …で会いましょう라고 표현하면 됩니다.

Unit 1 약속을 제의할 때

상대와의 약속은 매우 중요하다. 곧 그것은 그 사람의 신용과 직결되기 때문이다. 우리말의 「약속을 지키다」는 約束を まもる라고 하며, 「약속을 어기다(깨다)」라고 할 때는 約束を やぶる라고 한다.

☑ 지금 방문해도 될까요?

これから お邪魔しても いいでしょうか。
고레까라 　　　오쟈마시떼모 　　　이-데쇼-까

☐ 말씀드리러 찾아 뵈어도 될까요?

お話ししに うかがっても いいですか。
오하나시시니 　　우까갓떼모 　　　이-데스까

☐ 언제 시간이 있으면 뵙고 싶습니다만.

いつか お時間が あれば お目にかかりたいのですが。
이쯔까 　　오지깡가 　　아레바 　　오메니 가까리따이노데스가

☐ 오늘, 조금 있다가 뵐 수 있을까요?

今日、のちほど お目にかかれますでしょうか。
쿄- 　　　노찌호도 　　오메니 가까레마스데쇼-까

Unit 2 약속 시간과 사정에 대해서

만나고자 하는 상대와 약속을 할 때는 가장 먼저 상대의 형편이나 사정을 물어본 뒤 약속을 해야 한다. 일방적으로 자신의 사정만 생각하고 약속을 부탁해서는 안 된다.

☑ 언제가 가장 시간이 좋습니까?

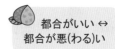
都合 형편, 상황, 상태, 사정

いつが いちばん 都合が いいですか。
이즈가　　이찌방　　　쓰고-가　　이-데스까

☐ 금요일 밤은 시간이 됩니까?

金曜の夜は 都合が いいですか。
깅요-노 요루와　　쓰고-가　　이-데스까

都合がいい ↔ 都合が悪(わる)い

☐ 토요일 오후 3시는 어때요?

土曜の午後3時は どうです?
도요-노　고고 산지와　　도-데스

☐ 이번 일요일에 무슨 약속이 있습니까?

今度の日曜日、何か 約束が ありますか。
곤도노 니찌요-비　　　나니까 약소꾸가　아리마스까

☐ 몇 시까지 시간이 비어 있습니까?

何時まで 時間が あいてますか。
난지마데　　지깡가　　아이떼마스까

Unit 3 만날 장소를 정할 때

약속 장소를 정할 때는 상대가 쉽게 찾을 수 있는 곳을 염두에 두어야 한다. 그렇지 않고 일방적으로 자신만이 알고 있는 장소를 선택하면 상대에 대한 예의가 아닐 뿐만 아니라 제 시간에 만나지 못할 것이다.

☑ **어디서 만날까요?**

どこで 会いましょうか。

도꼬데　아이마쇼―까

☐ **어디서 만나는 게 가장 좋을까요?**

どこが いちばん 都合が いいですか。

도꼬가　이찌반　　쓰고―가　이―데스까

☐ **일이 끝나면 5시에 사무실 앞에서 만날까요?**

仕事が 終わったら 5時に 事務所の 前で 会いましょうか。

시고또가 오왓따라 고지니 지무쇼노 마에데 아이마쇼―까

☐ **신주쿠 역에서 3시 무렵에 만나기로 합시다.**

新宿駅で 3時ごろ 待ち合わせましょう。

신쥬꾸 에끼데　산지고로　마찌아와세마쇼―

57

約束しますよ는 상대와의 약속을 다짐할 때 쓰이는 표현이다. 본래의 발음은 「やくそく (야꾸소꾸)」이지만, 주로 「く」가 촉음처럼 되어 「약소꾸」로 발음한다.

☑ 좋아요. 그럼 그 때 만납시다.

いいですよ。じゃ、その時に 会いましょう。

이ー데스요　　쟈　　소노　또끼니　아이마쇼ー

☐ 그게 좋겠습니다.

それで 好都合です。

소레데　　코ー쓰고ー데스

☐ 저도 그 때가 좋겠습니다.

わたしも それで 都合が いいです。

와따시모　　소레데　　쓰고ー가　　이ー데스

☐ 언제든지 좋으실 때 하십시오.

いつでも お好きな 時に どうぞ。

이쯔데모　　오스끼나　　도끼니　도ー조

> 「でも」는 「なに、だれ、どこ、どれ、いつ」에 접속하여 전부의 의미를 나타낸다.

☐ 저는 어디든지 좋아요. 당신은?

私は どちらでも 都合が いいですよ。あなたは?

와따시와 도찌라데모　　쓰고ー가　이ー데스요　　아나따와

☐ 그럼, 그 시간에 기다리겠습니다.

では、その時間に お待ちします。

데와　　소노　지깐니　　오마찌시마스

Unit **5** 약속을 거절할 때

상대에게 약속을 제의받았을 때 사정이 좋지 않을 때는 상대의 기분이 나쁘지 않도록 조심스럽게 別の日にしてもらえませんか라고 부탁하는 것도 요령이다.

☑ 유감스럽지만, 오늘 오후는 안 되겠습니다.

残念ながら 今日の午後は だめなんです。

잔넨나가라　　　쿄-노 고고와　　　다메난데스

☐ 미안하지만, 오늘은 하루 종일 바쁩니다.

すみませんが、今日は 一日中 忙しいのです。

스미마셍가　　　쿄-와　　　이찌니찌쥬- 이소가시-노데스

☐ 정말로 미안하지만, 이번 주에는 시간이 없습니다.

本当に すまないけど、今週は 時間が ないんです。

혼또-니　스마나이께도　　　곤슈-와　지깡가　　나인데스

☐ 아쉽게도 약속이 있습니다.

あいにくと 約束が あります。

아이니꾸또　　약소꾸가　　아리마스

> 「すまない」는 남성이 주로 쓰는 말투로 정중한 표현은 「すみません」이다.

☐ 오늘은 좀 그런데, 내일은 어때요?

今日は まずいけど、明日は どうです?

쿄-와　　마즈이께도　　아시따와　도-데스

Part 2　세련된 교제를 위한 표현

경우에 따라서 약속을 취소할 때는 本当に すみませんが, お約束が 果たせません이라고 하면 된다. 또한 약속을 연기하고 싶을 때는 来月まで 延ばしていただけませんか라고 한다. 여기서는 자연스럽게 약속의 제의에 대처하기 위한 표현과 요령을 익힌다.

☑ **다른 날로 해 주실 수 없을까요?**

別の日に していただけないでしょうか。

베쯔노 히니　시떼 이따다께나이데쇼ー까

☐ **급한 일이 생겨서 갈 수 없습니다.**

急用が できてしまって 行けません。

큐ー요ー가　데끼떼 시맛떼　　이께마셍

☐ **다음 달까지 연기해 주실 수 없습니까?**

来月まで 延ばしていただけませんか。

라이게쯔마데　노바시떼 이따다께마셍까

☐ **정말로 미안합니다만, 약속을 지킬 수 없습니다.**

本当に すみませんが、お約束が 果たせません。

혼또ー니　스미마셍가　　　　오약소꾸가　　하따세마셍

☐ **폐가 되지 않다면 괜찮겠습니까?**

ご迷惑にならなければ よろしいのですか。

고메ー와꾸니 나라나께레바　　요로시ー노데스까

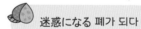

迷惑になる 폐가 되다

08

식사를 할 때

함께 식사를 하는 것도 상대와의 커뮤니케이션을 깊게 하는 데 절호의 기회입니다. 여기서는 배가 고플 때는 おなかがすいた, 배가 부를 때는 おなかがいっぱいだ, 식욕이 없을 때는 食欲がありません, 음식이 맛있을 때는 おいしい, 맛이 없을 때는 まずい, 음식을 먹기 전에는 いただきます, 음식을 먹고 나서는 ごちそうさま 등의 기본적인 식사와 음식 표현에 관한 모든 것을 살펴보기로 합시다.

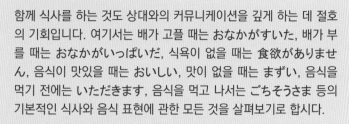

Unit 1 함께 식사하기를 제안할 때

상대에게 정중하게 식사나 음료 등을 권유할 때 많이 쓰이는 표현으로는 「~でもいかがですか (~라도 하시겠습니까?)」가 있다. 유용하게 쓰이므로 잘 익혀 두도록 하자.

☑ 점심, 함께 안 할래요?

昼食（ちゅうしょく）、一緒（いっしょ）に しませんか。

츄-쇼꾸　잇쇼니　　시마셍까

> 상대에게 제안을 할 때 부정형을 사용하여 표현하면 다소 정중하고 완곡한 느낌을 준다.

☐ 밖에서 뭐라도 간단히 먹읍시다.

外（そと）で 何（なに）か 簡単（かんたん）に 食（た）べましょう。

소또데　나니까　간딴니　　다베마쇼-

☐ 이 가게에서 초밥이라도 먹읍시다.

この店（みせ）で 寿司（すし）でも 食（た）べましょう。

고노 미세데　스시데모　　다베마쇼-

☐ 오늘 저녁은 제가 내겠습니다.

今夜（こんや）は 私（わたし）の おごりです。

공야와　　와따시노 오고리데스

식사가 나오면 주인은 손님에게 식사할 것을 권한다. 이때 손님은 いただきます(잘 먹겠습니다)라고 말하고 요리를 칭찬하는 것도 잊지 말도록 하자.

☑ **자 어서, 마음껏 먹으세요.**

さあ どうぞ、ご自由に 食べてください。
사ー 도ー조 고지유ー니 다베떼 구다사이

☐ **잘 먹겠습니다.**

いただきます。
이따다끼마스

☐ **따뜻할 때 드십시오.**

温かいうちに 召し上がってください。
아따따까이 우찌니 메시아갓떼 구다사이

☐ **고기를 좀더 드시겠습니까?**

肉を もう少し いかがですか。
니꾸오 모ー 스꼬시 이까가데스까

☐ **아뇨 됐습니다. 많이 먹었습니다.**

いや 結構です。十分 いただきました。
이야 겟꼬ー데스 쥬ー분 이따다끼마시따

> 우리말에서 「됐습니다」의 의미로 사용되는 일본어의 「結構(けっこう)です」는 사무적으로 쓰이는 경우가 많다. 따라서 「結構です」라는 말에 거절의 의미를 담을 경우 그 정도가 좀 강하므로 사용법에 신경을 써야 한다. 화가 난 듯이 「結構です」라고 하면 상대방에게 불쾌감을 주게 된다.

Unit 3 식사를 마칠 때

요리가 나오고 식사를 하기 전에는 음식을 만든 사람에게 감사의 뜻으로 いただきます라고 하며, 식사를 다 마쳤을 때는 ごちそうさまでした라고 하며, 줄여서 ごちそうさま라고도 한다.

☑ **잘 먹었습니다.**

ごちそうさまでした
고찌소-사마데시따

☐ **많이 먹었습니다.**

たっぷり いただきました。
답뿌리　　　이따다끼마시따

☐ **배가 부릅니다. 더 이상 한 입도 먹지 못하겠습니다.**

おなかが いっぱいです。これ以上 一口も食べられません。
오나까가 입빠이데스 고레 이죠- 히또쿠찌모 다베라레마셍

☐ **모두 정말로 맛있게 먹었습니다.**

何もかも実に おいしく いただきました。
나니모까모　 지쓰니　오이시꾸　　 이따다끼마시따

☐ **멋진 저녁이었습니다.**

すばらしい 夕食でした。
스바라시-　　　유-쇼꾸데시따

☐ **정말로 맛있었습니다.**

本当に おいしかったです。
혼또-니　　 오이시깟따데스

☑ 커피를 한 잔 마실까요?

コーヒーを 一杯 飲みましょうか。
いっぱい の

코-히-오　　　입빠이　노미마쇼-까

☐ 커피와 홍차 중에 어느 것을 좋아합니까?

コーヒーと 紅茶と どちらが 好きですか。
こうちゃ　　　　　す

코-히-또　　　코-쨔또　도찌라가　　스끼데스까

☐ 커피입니다. 향기를 매우 좋아합니다.

コーヒーです。香りが とても好きです。
かお　　　　す

코-히-데스　　　가오리가　도떼모 스끼데스

☐ 신선한 토마토 주스가 좋겠군요.

新鮮な トマト ジュースのほうが いいですね。
しんせん

신센나　　　토마또　쥬-스노 호-가　　　　이-데스네

☐ 뜨거운 커피와 아이스커피 중에 어느 것으로 하겠습니까?

ホットと アイスの どちらに しますか。

홋또또　　　아이스노　　　도찌라니　　시마스까

> ホット・コーヒー[hot coffee]
> ↔ アイス・コーヒー[ice coffee]

☐ 내 커피는 진하게 해 주세요.

私の コーヒーは 濃くしてください。
わたし　　　　　　こ

와따시노 코-히-와　　　고꾸시떼 구다사이

PART

3

유창한 대화를 위한 표현

일본인들은 상대방의 부탁이나 제안에 대해, 아무리 싫더라도 직설적으로 いい
え(아니오), いやです(싫습니다), できません(할 수 없습니다), だめです(안
됩니다) 등의 말들을 사용하지 않습니다. 이런 말들을 사용하는 대신 조심스럽게
자기가 거절할 수밖에 없는 이유를 설명하면, 대부분의 일본인들은 상대의 거절
의사를 눈치 채고 부탁이나 제안을 스스로 거두어들이기 때문입니다.

Chapter 01

질문을 할 때

각 장면에 따라 적절한 질문이 가능한지 또는 상대의 공감을 얻을 수 있는 말을 어느 정도 재빨리 할 수 있는지에 따라 회화의 능력을 판가름할 수 있습니다. 의문이나 질문을 나타내는 조사로는 か가 있으며, 그밖에 친분이나 상하, 또는 남녀에 따라 ね, わ, の, い 등이 쓰입니다. 의문사로는 なに, だれ, どの, どちら, どこ 등이 있으며, 이유나 방법을 물을 때 쓰이는 どうして, なぜ가 있습니다.

Unit 1 질문할 때 쓰이는 의문사 (なに)

何는 무엇인지 확실하지 않을 때 묻는 의문사로 우리말의 「무엇」에 해당하며, 뒤에 오는 발음에 따라 なに, なん으로 읽는다. 또한 숫자를 나타내는 말 앞에서는 「몇」으로 해석한다.

☑ 지금 무얼 하고 있습니까?

今、何を してるんですか。
いま　なに

이마　나니오　시떼룬데스까

 「してる」는 진행이나 상태를 나타내는 「している」의 축약형이다.

☐ 무엇부터 시작할까요?

何から 始めましょうか。
なに　　　　はじ

나니까라　하지메마쇼—까

何から 何まで 무엇부터 무엇까지

☐ 무슨 용건이시죠?

何の ご用件でしょうか。
なん　　　ようけん

난노　　고요—껜데쇼—까

☐ 그건 몇 층에 있습니까?

それは 何階に ありますか。
なんがい

소레와　　낭가이니　아리마스까

 一階(いっかい), 二階(にかい), 三階(さんがい), 四階(よんかい), 五階(ごかい), 六階(ろっかい), 七階(ななかい), 八階(はっかい), 九階(きゅうかい), 十階(じっ・じゅっかい)

だれ는 모르는 사람을 지칭할 때 쓰이는 의문사로 우리말의 「누구」에 해당하며 이보다 정중한 말로는 どなた(어느 분)가 있다. どれ는 사물을 가리키는 의문사로 「어느 것」을 뜻한다.

☑ 누구를 추천할까요?

誰を 推薦しましょうか。

다레오 스이센시마쇼─까

☐ 누구한테 그 이야기를 들었습니까?

誰から その話を 聞いたのですか。

다레까라 소노 하나시오 기이따노데스까

☐ 누구와 마시고 싶니?

誰と 飲んでみたい?

다레또 논데 미따이

☐ 누구십니까?

どなたさまでしょうか。

도나따사마데쇼─까

「さま」는 존칭의 접미어로 「さん」을 높여서 부를 때 쓰이는 말이다.

☐ 어느 것으로 하겠어요?

どれに しますか。

도레니 시마스까

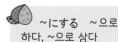
~にする ~으로 하다, ~으로 삼다

☐ 어느 것이 맞습니까?

どれが 正しいのですか。

도레가 다다시─노데스까

どうは 방법을 물을 때 쓰이는 부사어로 우리말의 「어떻게」에 해당한다. どうして는 이유를 물을 때 쓰이는 말로 なぜ와 같은 의미로 쓰이지만, 방법에 초점이 있다.

☑ 주말은 어떻게 보낼 예정입니까?

週末は どう 過ごすつもりですか。
しゅうまつ　　　　す

슈―마쯔와　도―　　스고스 쓰모리데스까

☐ 오늘 날씨는 어떻습니까?

今日の 天気は どうなんですか。
きょう　てん き

쿄―노　　텡끼와　　도―난데스까

☐ 차는 어떻게 드시겠습니까?

お茶は どのように なさいますか。
ちゃ

오쨔와　　도노요―니　　나사이마스까

> どのように 어떻게,
> 어떤 모양(식)으로

☐ 여기에서의 생활은 어떻습니까?

ここでの 生活は どうですか。
せいかつ

고꼬데노　　세―까쯔와　도―데스까

> 「どうですか」보다
> 정중한 표현으로는 「いかがですか」가 있다.

☐ 왜 그런 말을 하니?

どうして そんな こと 言うの?
い

도―시떼　　손나　　고또　이우노

☐ 왜 그런 짓을 했니?

どうして そんな ことを したの?

도―시떼　　손나　　고또오　　시따노

68

いくらは 불확실한 정도, 수량, 값을 나타내는 의문사로 우리말의 「얼마, 어느 정도」에 해당한다. どの는 「어느, 어떤」을 나타내는 연체사로 분명치 않은 것을 나타낸다.

✓ **전부 얼마입니까?**

全部で いくらですか。
젬부데　　이꾸라데스까

☐ **이 비디오는 얼마에 샀습니까?**

このビデオは いくらで 買ったのですか。
고노 비데오와　　　이꾸라데　　갓따노데스까

☐ **거리는 여기에서 어느 정도입니까?**

距離は ここから どのくらいですか。
쿄리와　　고꼬까라　　도노쿠라이데스까

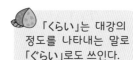
どのくらい 어느 정도

☐ **시간은 어느 정도 걸립니까?**

時間は どのくらい かかりますか。
지깡와　　도노쿠라이　　가까리마스까

> 「くらい」는 대강의 정도를 나타내는 말로 「ぐらい」로도 쓰인다.

☐ **서울에는 어느 정도 머무르십니까?**

ソウルには どのくらい 滞在されますか。
소우루니와　　　도노쿠라이　　타이자이사레마스까

Unit 5 질문할 때 쓰이는 의문사(いつ)

いつ는 때를 물을 때 쓰이는 의문사로 우리말의 「언제, 어느 때」에 해당한다.

☑ **생일은 언제입니까?**

誕生日は いつですか。
_{たんじょう び}

탄죠-비와　　　이쯔데스까

☐ **언제 여기로 이사를 왔습니까?**

いつ ここへ 引越して 来たのですか。
_{ひっ こ}　　　_き

이쯔 고꼬에　　　　힉꼬시떼　　　기따노데스까

☐ **언제쯤 완성되겠습니까?**

いつごろ 出来上がりますか。
_{で き あ}

이쯔고로　　　데끼아가리마스까

> 「かな」는 계조사 「か」에 영탄의 조사 「な」가 붙어 한 말이 된 것으로 체언이나 활용어의 연체형에 붙어 감동·영탄의 뜻을 나타낸다. 「~어라, ~로다, ~구나, ~도다」

☐ **이 좋은 날씨가 언제까지 계속될까?**

この いい天気は いつまで 続くかな。
_{てん き}　　　　　　_{つづ}

고노　　이-　텡끼와　　　이쯔마데　　　쓰즈꾸까나

☐ **언제까지 서류를 완성할 예정입니까?**

いつまでに 書類は できる 予定ですか。
_{しょ るい}　　　　　_{よ てい}

이쯔마데니　　　쇼루이와　데끼루　　요떼-데스까

どちら(어느 쪽)는 방향을 나타내는 의문사로 장소를 나타내는 どこ(어디)보다 정중한 말이다. 또한 どちら는 사람을 가리킬 때는 だれ보다 정중한 표현으로 쓰인다.

☑ 고국(고향)은 어딥니까?

お国は どちらですか。
오꾸니와　도찌라데스까

☐ 일본의 어디에서 태어났습니까?

お生まれは 日本の どちらですか。
오우마레와　　니혼노　　도찌라데스까

☐ 어디에 사십니까?

どちらに お住まいですか。
도찌라니　오스마이데스까

☐ 어디에 근무하십니까?

どちらへ お勤めですか。
도찌라에　오쓰또메데스까

☐ 실례합니다만, 남성용 화장실은 어디에 있습니까?

失礼ですが、男性用のトイレは どこに ありますか。
시쯔레-데스가　단세-요-노 토이레와　　도꼬니　아리마스까

なぜ・なんで・どうしては 원인과 이유를 묻는 데는 거의 같은 뜻인데, なんでは 회화체이고, 반어적인 용법으로도 쓰인다. 또 どうしては 수단이나 방법을 뜻하기도 한다.

☑ 예를 들면?

たとえば?

다또에바

☐ 이 단어의 뜻을 압니까?

この単語の 意味が わかりますか。

고노 당고노　　　이미가　　　와까리마스까

☐ 이 한자는 어떻게 읽니?

この漢字は どのように 読むの?

고노 칸지와　　　도노 요-니　　　요무노

☐ 이것과 이것의 차이는 무엇입니까?

これと これの 違いは 何ですか。

고레또　　고레노　　치가이와　　난데스까

Chapter 02

응답을 할 때

긍정의 감탄사로는 はい → ええ → うん이 있으며, 부정의 감탄사로는 いいえ → いや → ううん이 있습니다. 이것은 화살표 순으로 존경의 경중을 나타낸 것입니다. 또한 다른 사람의 말을 긍정할 때는 そうです, 부정할 때는 ちがいます라고 합니다. 흔히 そうです의 부정형인 そうではありません이라고 하기 쉬우나 そうではありません은 좀 더 구체적으로 지적해서 부정할 때 쓰며, 단순히 사실과 다르다고 할 때는 ちがいます라고 합니다.

Unit 1 긍정응답의 표현

상대의 말에 긍정을 할 때 쓰이는 대표적인 감탄사로는 「はい(예)」가 있으며, 가볍게 말할 때는 「ええ」, 「うん(응)」으로 표현한다. 그 밖의 긍정 표현으로는 「そうです(그렇습니다)」가 있다.

☑ **네, 그렇습니다.**

はい、そうです。
하이　　　소-데스

> 「そうです」는 대답이나 생각에 대해서 「옳다, 정확하다, 그렇다」는 것을 나타낸다. 허물없는 사이에서는 「そう」라고도 한다.

☐ **네, 알겠습니다.**

はい、分かりました。
하이　　　와까리마시따

> 「はい」는 질문이나 부탁 등에 긍정하거나 대답하는 말로 우리말의 「네, 예」에 해당한다. 또한 「はい」는 상대의 주의를 끌 때도 쓰인다.

☐ **네, 간 적이 있습니다.**

はい、行った ことが あります。
하이　　　잇따　　　　고또가　　　아리마스

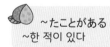
~たことがある
~한 적이 있다

☐ **네, 정말입니다.**

はい、本当です。
하이　　　혼또-데스

상대의 의견이나 제안에 관해 부정할 때 쓰이는 감탄사로는 「いいえ(아니오)」가 있으며, 가볍게 말할 때는 「いや(아니)」, 「ううん(아냐)」이 있다. 그 밖의 부정 표현으로는 「ちがいます(다릅니다)」가 있다.

☑ **아뇨, 그렇지 않습니다.**

いいえ、そうじゃありません。
이-에   소-쟈 아리마셍

☐ **아뇨, 아직입니다.**

いいえ、まだです。
이-에   마다데스

☐ **아뇨, 다릅니다.**

いいえ、違います。
이-에   치가이마스

> 「いいえ」는 정중하게 부정할 때, 「いや」는 가볍게 부정할 때 쓰인다. 또 「違います」는 단순히 사실과 다르다고 할 때 쓰인다.

☐ **아뇨, 이제 됐습니다.**

いいえ、もう 結構です。
이-에   모-   겟꼬-데스

☐ **아뇨, 좋아합니다.**

いいえ、好きです。
이-에   스끼데스

☐ **아뇨, 먹겠습니다.**

いいえ、いただきます。
이-에   이따다끼마스

Unit 3 권유나 허락의 요구에 긍정할 때

☑ 예, 그렇게 하세요.

ええ、どうぞ。
에－　　　도－조

☐ 네, 좋아요.

はい、いいですよ。
하이　　　이－데스요

☐ 네, 그렇게 하십시오.

はい、どうぞ。
하이　　　도－조

☐ 예, 괜찮습니다.

ええ、かまいません。
에－　　　가마이마셍

☐ 자, 쓰십시오.

どうぞ お使いください。
도－조　　　오쓰까이 구다사이

☐ 괜찮다고 생각합니다.

大丈夫だと思います。
다이죠－부다또 오모이마스

☑ 아뇨, 안 됩니다.

いや、だめです。

이야　　다메데스

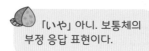
「いや」아니. 보통체의 부정 응답 표현이다.

☐ 미안합니다. 안 됩니다.

すみません、だめです。

스미마셍　　　　다메데스

☐ 미안합니다, 제가 쓰려고 생각하고 있습니다.

すみません、自分で 使おうと 思ってるんです。

스미마셍　　　　지분데　　쓰까오-또　오못떼룬데스

☐ 그렇게 하지 마세요.

そう しないでください。

소-　　시나이데 구다사이

☐ 아니오, 삼가해 주세요.

いいえ、ご遠慮ください。

이-에　　　　고엔료 구다사이

☐ 아니오, 전혀 없습니다.

いいえ、全然 ありません。

이-에　　　　젠젱　　아리마셍

Chapter 03

맞장구를 칠 때

대화는 반드시 상대가 있기 마련입니다. 상대와의 호흡을 맞추기 위해서는 상대방의 의견을 존중하며 그에 동의를 표시하는 것이 맞장구입니다. 맞장구는 상대의 이야기를 잘 듣고 있으니 계속하라는 의사 표현이기 때문입니다. 주로 쓰이는 자연스런 맞장구로는 そうですか, なるほど, そのとおりです 등이 있으며, 의문을 갖거나 믿어지지 않을 때 사용하는 맞장구로는 ほんと？와 うそ？ 등이 있습니다.

Unit 1 상대의 말에 의문을 갖고 맞장구칠 때

そうですか는 상대의 말에 적극적인 관심을 피력할 때 쓰이는 표현으로 우리말의 「그렇습니까?」에 해당한다. 친구나 아랫사람이라면 가볍게 끝을 올려서 そう?나 そうなの?로 표현하면 적절한 맞장구가 된다.

☑️ **그렇습니까?**

そうですか。
소-데스까

☐ **그랬습니까?**

そうでしたか。
소-데시따까

☐ **앗, 정말이세요?**

あっ、本当ですか。
앗　　　　혼또-데스까

☐ **그러세요, 몰랐습니다.**

そうですか、知りませんでした。
소-데스까　　　　시리마셴데시따

そのとおりです는 상대의 말이 자신의 생각과 일치되거나 할 때 적극적으로 맞장구를 치는 표현으로 다른 말로 바꾸면 「おっしゃるとおりです(말씀하신 대로입니다)」라고도 한다.

☑ 과연.

なるほど。
나루호도

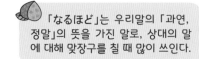

「なるほど」는 우리말의 「과연, 정말」의 뜻을 가진 말로, 상대의 말에 대해 맞장구를 칠 때 많이 쓰인다.

☐ 맞습니다.

そのとおりです。
소노 도-리데스

☐ 저도 그렇게 생각해요.

わたしもそう 思いますね。
와따시모 소-　　오모이마스네

☐ 글쎄, 그렇게도 말할 수 있겠군요.

まあ、そうも 言えるでしょうね。
마-　　소-모　　이에루데쇼-네

☐ 그렇군요.

そうなんですよね。
소-난데스요네

☐ 그거 안됐군요.

それは まずいですね。
소레와　　마즈이데스네

Unit **3** 상대의 말에 동감을 표시할 때

☑ 저도 그렇습니다.

私も そうなんです。

わたし

와따시모 소-난데스

☐ 저도 그렇게 생각합니다.

私もそう 思います。

わたし　　　　おも

와따시모 소-오모이마스

☐ 전적으로 동감입니다.

まったく 同感です。

どうかん

맛따꾸　　　　도-깐데스

> 「まったく」는 상대의 말에 맞장
> 구를 칠 경우에는 「실로, 참으로」의
> 뜻이지만, 뒤에 부정어가 오면 「모
> 조리, 모두, 전혀」의 뜻이 된다.

☐ 저도 못합니다.

私にも できません。

わたし

와따시니모 데끼마셍

☐ 그렇습니까, 저도 그렇습니다.

そうですか、私もです。

わたし

소-데스까　　　　와따시모데스

☐ 저도 모르겠습니다.

私にも わかりません。

わたし

와따시니모 와까리마셍

Part 3 유창한 대화를 위한 표현

Chapter 04

되물음과 이해를 나타낼 때

자세한 설명을 원할 때는 くわしく説明してください라고 하면 됩니다. 이처럼 상대의 설명을 잘 이해하지 못하거나 구체적인 설명이 필요할 때는 상대에게 분명하게 의뢰하여 의사소통에 오해의 소지가 없도록 해야 합니다. 상대의 설명을 이해했을 때는 わかりました를 쓰지만, 보다 정중하게 承知しました나 かしこまりました를 쓰는 것이 좋으며, 이해하지 못했을 때도 わかりません보다는 わかりかねます로 하는 게 좋습니다.

Unit 1 되물을 때

상대의 말을 잘 알아듣지 못했거나 이해하지 못했을 때 다시 물어 상대의 말을 정확히 이해하는 방법을 망설임 없이 입에서 자연스럽게 나올 때까지 익혀두자.

☑ 예(뭐죠)?

はい?
하이

□ 뭡니까?

何^{なん}ですか。
난데스까

□ 미안합니다, 뭐라고 하셨습니까?

すみません、何^{なん}と 言^いったのですか。
스미마셍　　　　　　난또　　잇따노데스까

□ 잘 모르겠습니다만.

よく わからないのですが。
요꾸　와까라나이노데스가

Unit 2 다시 한번 말해달라고 할 때

상대의 말이 빠르거나 발음이 분명하게 들리지 않을 때, 또는 이해하기 힘들 때 실례가
되지 않도록 정중하게 다시 한번 말해 달라고 부탁해 보자.

☑️ 다시 한번 말해 주겠어요?

もう一度 言ってくれますか。
모- 이찌도 잇떼 구레마스까

☐ 미안합니다. 다시 한번 말씀해 주시겠습니까?

すみません、もう一度 言ってくださいませんか。
스미마셍   모- 이찌도   잇떼 구다사이마셍까

☐ 못 알아듣겠습니다. 다시 한번 부탁합니다.

聞き取れません。もう一度 お願いします。
기끼토레마셍   모- 이찌도   오네가이시마스

☐ 너무 빨라서 모르겠습니다. 천천히 말해 주겠어요?

速すぎて わかりません。ゆっくり 話してくれませんか。
하야스기떼 와까리마셍   육꾸리   하나시떼 구레마셍까

☐ 더 확실히 말해 주겠어요?

もっと はっきり 話してくれますか。
못또   학끼리   하나시떼 구레마스까

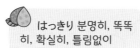
はっきり 분명히, 똑똑
히, 확실히, 틀림없이

Part 3 유창한 대화를 위한 표현

81

☑ 이제 알겠습니까?

これで 分かりますか。
고레데   와까리마스까

☐ 말하고 있는 것을 알겠습니까?

言っている ことが わかりますか。
잇떼이루   고또가   와까리마스까

☐ 여러 가지 이야기했습니다만, 알아들었습니까?

いろいろ 話しましたが、分かってもらえましたか。
이로이로   하나시마시따가   와깟떼   모라에마시따까

わかる와 知る는 우리말의 「알다」로 해석되는 동사이지만, 「わかる」는 듣거나 보거나 해서 이해하는 의미로 쓰이며, 知る는 학습이나 외부로부터의 지식을 획득하여 안다는 의미로 쓰인다.

☑ **모르겠습니다.**

分かりません。
와까리마셍

☐ **정말로 모르겠어요.**

本当に 知らないんです。
혼또-니　시라나인데스

☐ **도무지 모르겠습니다.**

さっぱり 分かりません。
삽빠리　　와까리마셍 .

「さっぱり」는 뒤에 부정어가 오면 「도무지, 전혀, 조금도, 통」의 뜻으로 쓰인다.

☐ **조사해 봐야 알겠습니다.**

調べてみないと 分かりません。
시라베떼 미나이또　　와까리마셍

☐ **그건 금시초문인데요.**

それは 初耳ですね。
소레와　　하쯔미미데스네

「初耳」는 처음 듣는 것, 즉 금시초문을 나타낸다.

☐ **잘 모르겠어요.**

よく 分からないのです。
요꾸　와까라나이노데스

Chapter 05

제안과 권유를 할 때

여기서는 무언가를 상대에게 제안하거나 권유할 때 쓰이는 표현을 익히게 됩니다. 사용 빈도가 높으므로 입에서 곧바로 나올 때까지 익혀두어야 합니다. 일본어에서 상대에게 제안이나 권유를 할 때 가장 많이 쓰이는 표현으로는 どうですか와 いかがですか가 있습니다. いかがですか는 どうですか보다 정중한 표현입니다. 또한 구체적인 행위에 대한 권유나 제안을 할 때는 ~ましょうか나 ~するのはどうですか가 쓰입니다.

Unit 1 제안·권유를 할 때

상대에게 뭔가 행동을 제안할 때는 보통 ~ます의 권유형인 ~ましょう로 표현하며, 친구 사이라면 동사의 의지형인 ~う(よう)로 표현한다.

☑ 제안이 있는데요.
提案が あるんですが。
데-앙가   아룬데스가

☐ 도와줄까요?
手伝いましょうか。
데쓰다이마쇼-까

「う(よう)」는 동작이나 행동의 의지(~하겠다)나 권유(~하자)를 나타낼 뿐만 아니라 추측(~할 것이다)을 나타내는 경우도 있다.

☐ 정하기 전에 다시 한번 생각해 보세요.
決める 前に もう一度 よく 考えてみてください。
기메루   마에니   모- 이찌도   요꾸   강가에떼 미떼 구다사이

☐ 이건 어떻습니까?
これは いかがですか。
고레와   이까가데스까

~てみてください   ~해보십시오

「いかがですか」는 「どうですか」의 정중한 표현으로 권유할 때 주로 쓰이는 표현이다

Unit 2 제안·권유를 받아들일 때

상대의 의견이나 제안 등에 동의나 찬성을 나타낼 때 쓰이는 표현으로는 「賛成です(찬성입니다)」, 「まったく同感です(전적으로 동감입니다)」 등이 있다.

☑ **기꺼이.**
喜んで。
요로꼰데

> 「よろこんで」는 동사인 「よろこぶ」에 접속조사 「て」가 이어진 형태로 부사처럼 쓰인다. 즉, 우리말의 「기꺼이」의 뜻으로 상대의 요구나 부탁을 즐거운 마음으로 승낙을 할 때 쓰이는 표현이다.

☐ **부디 마음대로.**
どうぞ ご自由に。
도-조   고지유-니

> 「どうぞ ご自由に」는 요구나 제안에 상대방이 생각하고 있는 바를 허락·허용하도록 말할 때 쓰이는 표현이다.

☐ **알겠습니다.**
かしこまりました。
가시꼬마리마시따

☐ **말씀하신 대로 하겠어요.**
おっしゃる とおりに します。
옷샤루   도-리니   시마스

> 상대의 요구나 제안 따위를 분부대로 따르겠다고 말할 때 쓰이는 표현으로서, 「~とおりに」는 다른 말에 접속하여 「~대로」의 뜻을 나타낸다.

☐ **나에게 맡겨 주세요.**
私に 任せてください。
와따시니 마까세떼 구다사이

☐ **내가 하겠습니다.**
私に やらせてください。
와따시니 야라세떼 구다사이

> 「~(さ)せてください」는 자신의 의지를 상대에게 허락을 받아서 행동을 한다는 것을 나타낼 때 많이 쓰이는 정중한 표현이다.

Part 3

유창한 대화를 위한 표현

상대의 의견이나 견해에 대해 직접적으로 「反対です(반대입니다)」라고 하는 것보다는 완곡하게 「私は そうは思いません(저는 그렇게 생각하지 않습니다)」라고 하는 게 상대의 마음을 상하지 않게 하는 것이다.

☑ 그렇게 할 수 있으면 좋겠지만…….

そう できれば いいんだけど……。
소- 데끼레바   이인다께도

> 상대의 의뢰나 제안을 완곡하게 거절을 하는 표현으로서, 제안을 받아들일 수 없음을 미안하게 생각하는 마음이 내포되어 있다.

☐ 아니오, 됐습니다.

いいえ、けっこうです。
이-에   겟꼬데스

> 이 표현은 상대의 의뢰나 제안에 감사는 하지만, 어쩔 수 없이 거절을 해야 할 때 쓰이는 표현이다. 「けっこうです」는 「いいです」나 「十分(じゅうぶん)です」 등으로 바꾸어 표현할 수도 있다.

☐ 죄송하지만, 저는 도움이 되어드릴 수 없습니다.

お気の毒ですが、私は 力に なれません。
오끼노   도꾸데스가   와따시와 치까라니 나레마셍

☐ 유감스럽게도 급한 일이 들어왔습니다.

残念ながら、急用が 入ってしまいました。
잔넨나가라   큐-요-가 하잇떼 시마이마시따

☐ 다른 용무가 있어서.

ほかに 用事が あるので。
호까니   요-지가   아루노데

☐ 미안합니다, 지금 급해서요.

すみません、今急いでいるので。
스미마셍   이마 이소이데이루노데

Chapter 06

부탁과 허락을 구할 때

상대에게 부탁을 할 때는 명령적인 어투에서 정중한 어투에 이르기까지 때와 장소에 따라서 적절한 사용법을 익혀둘 필요가 있습니다. 우리가 잘 알고 있는 대표적인 의뢰 표현인 ～てください는 상대에게 직접적으로 행동할 것을 요구하는 것이므로 경우에 따라서는 불쾌감을 줄 수 있으므로 상대의 기분을 거슬리지 않는 ～ていただけませんか、てくださいませんか 등처럼 완곡한 의뢰나 요구 표현을 쓰는 것이 좋습니다.

Unit 1 부탁할 때

상대방에게 무언가를 부탁할 때 가장 많이 쓰이는 표현으로는 「お願いします(부탁합니다)」가 있으며, 그밖에 의뢰나 요구 표현인 「～てください(~해 주세요)」 등이 있다.

☑ **부탁이 있는데요.**

お願いが あるんですが。
ねが

오네가이가　아룬데스가

☐ **잠깐 괜찮겠어요?**

ちょっと いいですか。

촛또　　　이-데스까

☐ **펜을 빌려 주시지 않겠어요?**

ペンを 貸していただけませんか。
　　　か

펭오　　가시떼 이따다께마셍까

☐ **좀 여쭙고 싶은데요.**

ちょっと お聞きしたいのですが。
　　　　き

촛또　　　오키끼시따이노데스가

Unit 2 부탁을 받았을 때

남이 나에게 또는 나와 가까운 사람에게 행동을 「~해 주다」라고 표현할 때는 상대의 경중에 따라 「~てくれ → ~てください」로 표현하며, 이는 직접적이기 때문에 좀더 부드럽게 하기 위해서는 「~てくれない → ~てくださいませんか」로 표현한다.

☑ **무슨 일이죠?**

何でしょうか。

난데쇼-까

☐ **무슨 문제라도?**

何か 問題でも?

나니까 몬다이데모

☐ **먼저 하세요.**

お先に どうぞ。

오사끼니 도-조

> 「どうぞ」는 영어의 「please」처럼 상대의 요구나 부탁에 가볍게 허락을 하거나 권유를 할 때 쓰이는 표현으로 매우 편리하게 사용되는 말이다.

☐ **할게.**

するよ。

스루요

☐ **알았어!**

了解!

료-까이

> 「了解(りょうかい)」는 이해하여 납득하는 것을 말하며, 「わかった(알았다)」와 동일한 의미이다. 그러나 「了解」는 「양해」라는 뜻으로도 쓰인다.

☐ **예, 부디.**

ええ、どうぞ。

에- 도-조

Unit 3 대답을 보류할 때

여기서는 부탁이나 의뢰를 받았을 때 응답하는 요령을 익힌다. 특히 부탁이나 의뢰를 거절할 때는 상대의 마음을 배려해야 하므로 일정한 기술이 필요하다. 상대의 질문이나 제안에 그 자리에서 결정을 하지 않고 일단 보류할 때는 우리와 마찬가지로「考えてみるよ(생각해 볼게)」라고 한다.

☑ 생각 좀 하겠습니다.
かんが
考えさせてください。
강가에사세떼 구다사이

동사의 사역형인「~(さ)せる」에 의뢰나 요구를 나타내는「~てください」를 접속하면「~하게(시켜) 주세요」라는 뜻으로도 쓰이지만, 일본어의 특징으로서「~하고 싶습니다」라는 뜻으로 자신의 간접적인 희망의 뜻을 나타내기도 한다.

☐ 생각할 시간을 주세요.
かんが じ かん
考える 時間を ください。
강가에루 지깐오 구다사이

☐ 생각해 보겠습니다.
かんが
考えておきます。
강가에떼 오끼마스

상대의 요구에 즉답을 할 수 없을 때 쓰이는 표현으로「考慮(こうりょ)に 入(い)れます(고려하겠습니다)」라고도 한다.

☐ 하룻밤 생각하게 해 주세요.
ひと ばん かんが
一晩 考えさせてください。
히또방 강가에사세떼 구다사이

☐ 검토해 보겠습니다.
けん とう
検討してみます。
겐또-시떼 미마스

공식적인 자리나 회의석상에서 상대의 질문에 대해 단정적으로 대답을 회피할 때나 생각해 볼만한 일이라고 판단되었을 때 응답하는 표현이다.

상대에게 허락을 구할 때 가장 일반적인 표현이 「~ても いいですか(~해도 되겠어요?)」이다. 그 밖에 「~ても かまわない(~해도 상관없다), 「~ても差し支えない(~해도 지장이 없다)」 등이 있다.

☑ 들어가도 됩니까?

入っても いいですか。
はい

하잇떼모　　　이-데스까

> 「~てもいいですか」는 우리 말의 「~해도 됩니까?」의 뜻으로 상대에게 허락을 구하는 가장 일반적인 표현이다.

☐ 여기에 앉아도 됩니까?

ここに 座っても いいですか。
　　　すわ

고꼬니　　스왓떼모　　　이-데스까

☐ 창문을 열어도 될까요?

窓を 開けても いいですか。
まど　あ

마도오　아께떼모　　　이-데스까

☐ 여기서 담배를 피워도 될까요?

ここで タバコを 吸っても いいですか。
　　　　　　　す

고꼬데　　다바꼬오　　슷떼모　　　이-데스까

☐ 여기서 사진을 찍어도 됩니까?

ここで 写真を 撮ってもよろしいですか。
　　　しゃ しん　と

고꼬데　　샤싱오　　돗떼모 요로시-데스까

☐ 화장실을 써도 됩니까?

トイレを 借りても いいですか。
　　　　　か

토이레오　　가리떼모　　　이-데스까

Unit 5 허락할 때

승낙할 때는 「いいですよ(좋아요)」라고 하며, 「どうぞ」는 허락을 구할 때 허락을 하는 표현으로 상황에 따라 「앉으세요, 가세요, 하세요」 등으로 다양하게 쓰일 수 있다.

☑ **좋아요.**

いいですよ。
이-데스요

□ **네가 상관하지 않으면.**

君が かまわなければ。
きみ
기미가 가마와 나께레바

> 「かまわない」는 「상관없다, 관계없다」의 뜻으로, 「差し支えない(지장이 없다)」와 비슷한 의미로 쓰인다. 「かまわなければ」는 상대에게 동의나 허가를 구하는 표현이다.

□ **지장이 없으면…….**

差し支えなければ……。
さ つか
사시쓰까에 나께레바

□ **예, 하세요.**

ええ、どうぞ。
에-   도-조

□ **이제 돌아가도 돼.**

もう 帰ってもいいよ。
かえ
모- 가엣떼모 이-요

> 「~ても いい」는 의문문으로 쓰이면 상대에게 허가를 구하는 표현이 되지만, 끝을 내려서 발음하면 「~해도 된다(좋다)」라는 뜻으로 허락을 나타낸다.

□ **무엇이건 가능한 일이라면.**

何なりと、できる ことなら。
なん
난나리또   데끼루   고또나라

> 「なり(と)」는 「~든지, ~라도」의 뜻으로 긍정을 나타낸다.

상대의 부탁을 들어줄 수 없을 때는 가능하면 기분이 나쁘지 않도록 적당한 핑계를 대야 하고, 단호하게 부탁을 거절할 때는 「だめです(안 됩니다)」라고 하면 된다.

☑ **유감스럽지만 안 됩니다.**

残念ながら だめです。
ざんねん

잔넨나가라　　　다메데스

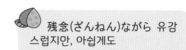
残念(ざんねん)ながら 유감
스럽지만, 아쉽게도

☐ **가능하면 그만두세요.**

できれば 止めてください。
や

데끼레바　　　야메떼 구다사이

☐ **아냐! 안 돼!**

いや! だめ!

이야　　다메

☐ **아직 안 돼.**

まだ だめだ。

마다　　다메다

☐ **지금은 안 돼. 나중에.**

今は だめだ。あとでね。
いま

이마와　다메다　　　아또데네

상대의 허가의 요청에 대해 시간이나, 장소에 따라 제한적으로 금지를 나타낼 때 쓰이는 표현이다.

☐ **여기선 안 돼.**

ここでは だめだ。

고꼬데와　　　다메다

Chapter 07

재촉과 화제를 바꿀 때

잠깐 말이 막히거나 생각을 하면서 말하거나 할 때의 연결 표현은 상대의 기분을 거슬리지 않기 위해서도 매우 중요하고 회화에서 가장 기본적인 기술의 하나라고 할 수 있습니다. あのう、~은 대화에서 침묵을 피할 때 적절하게 쓸 수 있는 표현입니다. 이건 ちょっと 待ってください(잠시 기다려 주십시오)에 해당하는 대화의 연결 표현이므로 자연스럽게 말하면서 다음 말을 생각하도록 합시다.

Unit 1 재촉할 때

여기서는 상대가 머뭇거리거나 말하기를 꺼려할 때, 또는 자세한 이야기를 해 주기를 재촉할 때 쓰이는 표현을 익히도록 하자.

☑ **뭔가 말해 줘.**

何か 言ってよ。
なん　い

낭까　잇떼요

> 상대에게 무슨 말을 해 주기를 재촉할 때 쓰이는 표현으로 가볍게 말할 때는 「ください」를 생략하여 「~てよ」의 형태만으로 쓰인다.

☐ **더 자세히 알고 싶어.**

もっと 詳しく 知りたいんだ。
くわ　し

못또　구와시꾸 시리따인다

☐ **여행은 어땠니?**

旅行は どうだった?
りょ こう

료꼬―와　도―닷따

☐ **이야기를 계속하게.**

話を 続けてくれ。
はなし　つづ

하나시오 쓰즈께떼 구레

>
> 상대가 말을 하다가 중단하고 있을 때 듣는 사람이 계속해서 말해 줄 것을 재촉할 경우에 쓰이는 표현으로, 정중하게 말할 때는 「~てください」로 표현하면 된다.

☑ 세상 돌아가는 이야기를 했을 뿐이야.
世間話を しただけだよ。
세껨바나시오   시따 다께다요

☐ 영화는 어땠니?
映画は どうだった?
에-가와   도-닷따

☐ 연극은 재미있었니?
芝居は おもしろかった?
시바이와   오모시로깟따

☐ 지금 그것을 의논하고 싶어.
今 そのことを 話し合いたいんだ。
이마   소노 고또오   하나시아이따인다

☐ 잡담이라도 합시다.
雑談でも しましょう。
자쓰단데모   시마쇼-.

상대와 특별하게 할 이야기가 없을 경우에 아무런 말이라도 하기를 원한다면, 이 표현으로 말을 걸어보자.

☐ 요점만 말해 주세요.
要点だけ 話してください。
요-뗀다께   하나시떼 구다사이

☐ 자, 이야기를 계속하세요. 듣고 있으니까.
どうぞ 話を 続けてください。聞いているから。
도-조   하나시오 쓰즈께떼 구다사이   기이떼 이루까라

Unit **2** 화제를 바꿀 때

이야기가 지루하거나 분위기가 딱딱해지거나, 화제가 빗나가 엉뚱한 방향으로 흐를 때 화제를 바꿀 필요가 있다. 이때 흔히 쓰이는 일본어 표현으로는 「冗談は さておいて(농담은 그만하고)」, 「それは そうと(그건 그렇고)」 등이 많이 쓰인다.

☑ **화제를 바꾸자.**

話題を 変えよう。
와다이오   가에요―

□ **본제로 돌아갑시다.**

本題に 戻りましょう。
혼다이니   모도리마쇼―

□ **그 이야기는 지금 하고 싶지 않아.**

そのことは 今 話したくないんだ。
소노 고또와   이마 하나시따꾸 나인다

□ **그 이야기는 나중에 하자.**

そのことは あとで 話そう。
소노 고또와   아또데   하나소―

□ **농담은 그만하고…….**

冗談は さておいて……。
조―당와   사떼오이떼…

> 본론으로 들어가기 전에 농담만을 하고 있을 수는 없는 법이다. 이때 농담을 그만두고 화제를 바꿀 때 쓰이는 표현이다.

□ **네가 말했던 것은?**

あなたが 言っていた ことは?
아나따가   잇떼이따   고또와

☑ 그 이야기는 가능하면 지금 하고 싶지 않습니다.

そのことは できたら 今 話したくないんです。

소노 고또와　　데끼따라　　이마 하나시따꾸 나인데스

□ 그건 그렇고, 기무라는 어떻게 하고 있니?

それはそうと、木村は どうしているの?

소레와 소-또　　기무라와　도-시떼 이루노

□ 이 이야기는 그만 하자.

この話は やめよう。

고노 하나시와 야메요-

> 상대의 말을 일단 중지하고 다른 화제로 전환을 할 때 쓰이는 표현이다. 이와 유사한 표현으로는 「さて」가 있다.

Chapter 08 주의와 충고를 할 때

조언이나 충고를 하는 표현에는 ～なさい처럼 명령조로 하는 것부터 ～するほうがいいのではないでしょうか처럼 완곡하게 표현하는 경우에 이르기까지 여러 가지 표현이 가능합니다. 충고나 주의는 충고를 받는 사람의 입장에 따라서 언짢게 들릴 수도 있으므로 주의나 충고를 할 때는 상대의 입장을 충분히 파악한 다음 가능하면 직접적으로 충고나 조언을 하는 것보다 우회적으로 하는 것이 좋습니다.

Part 3 유창한 대화를 위한 표현

Unit 1 주의를 줄 때

상대가 잘못된 행동을 하고 있을 때, 또는 말의 실수나 정도가 지나칠 때 주의와 충고를 하게 된다. 보통 주의를 줄 때 쓰이는 표현이 「気を つけて(조심해요)」이다.

☑ 주의 좀 해두겠습니다.
ちょっと 注意しておきます。
촛또　　　츄-이시떼 오끼마스

□ 조심해!
気を つけて!
기오　쓰께떼

> 상대에게 위험을 알리는 표현으로는 「危(あぶ)ない」, 「注意(ちゅうい)しろ」, 「気(き)を つけろ」 등이 있다

□ 적당히 해.
手加減してよ。
데카겐시떼요

□ 제멋대로 말하지 마.
自分勝手な ことを 言うな。
지붕 갓떼나　고또오　이우나

> 「勝手(かって)」는 명사로 쓰일 때는 「사정, 형편, 상황」을 뜻하지만, 형용동사로 쓰일 때는 「제멋대로임, 마음대로임」을 뜻한다. 비슷한 표현으로는 「わがまま」가 있다.

97

여기서는 상대의 잘못이나 실수, 잘못된 결정, 행동 등에 대해서 주의나 충고를 하면서
타이를 때 쓰이는 다양한 표현을 익히도록 하자.

☑ **중도에 포기하지 마.**

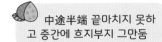
中途半端 끝마치지 못하
고 중간에 흐지부지 그만둠

中途半端で やめるな。

츄―또함빠데　　야메루나

☐ **그것을 하는 것은 너의 의무야.**

それを するのが 君の 義務だ。

소레오　　스루노가　　기미노　기무다

☐ **잘 생각하고 결심해라.**

よくよく 考えて 決心しなさい。

요꾸요꾸　　강가에떼　　겟신 시나사이

☐ **분수를 몰라.**

身のほどを 知らない。

미노　　호도오　　시라나이

☐ **너에게 바라는 것은 좀더 노력하는 것이야.**

君に ほしいのは もう 一歩の 努力だ。

기미니　호시―노와　　　모―　입뽀노　　도료꾸다

☐ **좀더 분발해야 해.**

もう少し 頑張るべきだ。

모― 스꼬시 감바루 베끼다

PART

4

거리낌 없는 감정 표현

얼굴에 자신의 본심을 드러내지 않고 숨길 수 있는 능력이 일본에서는 어른의 자격 중의 하나입니다. 일본인은 감정의 직접 표현, 특히 얼굴로 표현하는 것은 천박하고 실례되는 행동이라고 생각합니다. 일반적으로 감정은 본심에서 나오는 것인데, 일본인은 본심을 혼네(본심에서 나오는 말 또는 행동)라고 하여 자신의 인격 중 가장 비밀스럽고 신중한 부분으로 생각합니다.

Chapter 01 희로애락을 나타낼 때

기뻐하거나 화를 내거나 슬프거나 즐거운 감정을 표현하는 것은 자신의 감정을 잘 드러내지 않는 일본인에게 있어서 상당히 서투른 표현의 하나로, 영화를 보거나 소설을 읽을 때 상식적으로 필요한 것들이므로 잘 익혀 두어야 합니다. 희로애락의 대표적인 일본어 감정 표현으로 기쁠 때는 うれしい!라고 하고, 화가 날 때는 みっともない!라고 하며, 슬플 때는 かなしい! 즐거울 때는 たのしい!라고 합니다.

Unit 1 기쁘거나 즐거울 때

기쁨과 즐거움은 지극히 자연스럽게 표출되는 인간의 감정이다. 일본인과의 교제 중에 기쁜 일이나 즐거운 일이 있으면 다음과 같은 표현으로 자신의 감정을 표현해보자. 「うれしい(기쁘다)」, 「たのしい(즐겁다)」, 「最高だ(최고다)」 등

☑ 어머, 기뻐.

まあ、うれしい。
마ー 우레시ー

□ 그거 다행이군요.

それは よかったですね。
소레와 요깟따데스네

□ 됐다!

やったあ!
얏따ー

목표를 달성했거나 성공을 거둔 일에 대해서 감동을 나타내는 표현이다. 상대에게 말할 때는 「よく やったね」라고 하면 된다.

□ 감동했습니다.

感動しました。
칸도ー시마시따

かん どう (ruby for 感動)

Unit 2 화를 낼 때

일본 사람들은 좀처럼 겉으로 드러내고 화를 내지 않는다. 만약 화를 내거나 하면 마음 속에 상당히 화가 나 있다고 생각해도 좋다. 우리말의 「화가 나다」의 관용적인 표현은 「腹(はら)が 立(た)つ」이며, 「화를 내다」는 「腹を 立(た)てる」라고 한다.

☑ 너는 도대체 무슨 생각을 하는 거니?

君は いったい 何を 考えているんだ!
기미와 잇따이 나니오 강가에떼 이룬다

> 상대가 엉뚱한 생각을 한다거나 일을 잘못하여 실수를 할 때 화를 내면서 책망을 하는 표현이다.

☐ 나에게 명령하지 마!

私に 命令しないで!
와따시니 메－레－ 시나이데

☐ 바보 취급하지 마!

ばかに するな!
바까니 스루나

> 「ばか」는 「바보, 얼간이」라는 뜻으로 「ばかに する」는 바보처럼 취급하는 것을 말한다. 이것은 「からかう(놀리다)」로 바꾸어 말할 수 있다.

☐ 이제 참을 수 없어.

もう 我慢できないんだ。
모－ 가만데끼나인다

> 「我慢できない」는 지금까지 참아왔던 것이 화가 나서 참을 수 없는 상태를 말한다.

☐ 그런 것은 잘 알고 있어.

そんな ことは 百も承知だ。
손나 고또와 햐꾸모 쇼－찌다

> 「百も承知」는 「잘 알고 있다, 알고도 남는다」의 뜻으로 너무나 잘 알고 있으니 더 이상 말하지 말라고 화를 내면서 하는 말이다.

상대가 화가 나 있거나 잘못하여 안절부절 못하고 있을 때 진정시키는 말로는 흔히 「落ち着いてください(진정하세요)」라고 한다. 상대와 싸웠거나 말다툼을 하여 감정이 상했을 때는 화해(仲直り)를 해야 한다. 그래야 사이좋게(仲よく) 지낼 수 있기 때문이다.

☑ 진정해요!

落ち着いて!
오찌쓰이떼

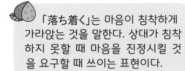

「落ち着く」는 마음이 침착하게 가라앉는 것을 말한다. 상대가 침착하지 못할 때 마음을 진정시킬 것을 요구할 때 쓰이는 표현이다.

☐ 그렇게 정색하고 대들지 마.

そう むきになるなよ。
소- 무끼니 나루나요

「むきになる」는 상대가 한 말을 농담이 아닌 진담으로 여겨 사소한 말에 정색을 하고 대드는 것을 말한다

☐ 그렇게 굳어 있지 마.

そんなに かたくならないで。
손나니 가따꾸 나라나이데

☐ 편히 해.

のんびりと やっていて。
놈비리또 얏떼이떼

「のんびり」는 몸과 마음을 편히 쉬는 모양으로, 상대에게 부담을 갖지 말고 마음을 편히 가질 것을 요구할 때 쓰이는 표현으로 「くつろいで」라고도 한다.

☐ 당황할 필요는 없습니다.

あわてる 必要は ないです。
아와떼루 히쯔요-와 나이데스

사람이 살아가면서 언제나 기쁨만 있는 것이 아니라 때로는 왠지 모르게 슬프거나(悲しい), 마음이 외롭거나(さびしい), 허무하고(むなしい), 우울할(ゆううつだ) 때가 있는 법이다.

☑ **가슴이 찢어지는 아픔이었어.**

胸が 張り裂ける 思いだった。

무네가 하리사께루 오모이닷따

☐ **나는 쭉 슬픔에 잠겼어.**

私は ずっと 悲しみに くれている。

와따시와 줏또 가나시미니 구레떼 이루

☐ **얼마나 무정한가!**

なんと 無情な!

난또 무죠―나

☐ **내 마음은 아무도 몰라.**

私の心の 内を 誰にも わからない。

와따시노 고꼬로노 우찌―오 다레니모 와까라나이

Chapter 02 여러 가지 감정을 나타낼 때

부끄러울 때는 はずかしい! (부끄럽다!), 의심이 들 때는 ほんとうなの? (정말이니?), 冗談でしょう? (농담이겠죠?) 등으로 말하고, 마음이 왠지 우울할 때는 ゆううつだ! (우울해!)라고 자신의 감정을 솔직하게 말해 보는 것도 상대와 친해질 수 있는 방법 중의 하나입니다. 또한 놀랐을 때는 びっくりした! (깜짝 놀랐어!), 驚いた! (놀랐어!)라는 말이 입에서 순간적으로 나올 수 있도록 노력합시다.

Unit 1 부끄러울 때

어떤 일에 대해 수줍거나 부끄러워할 때는 「恥ずかしい(부끄럽다)」라고 하며, 믿기지 않을 정도로 놀랄 때는 「信じられない(믿기지 않아)」, 깜짝 놀랐을 때는 「びっくりした(깜짝 놀랐어)」라고 한다.

☑ 부끄러워.
は
恥ずかしい。
하즈까시ー

☐ 부끄러운 줄 알아요!
はじ　し
恥を 知りなさい!
하지오 시리나사이

☐ 저 녀석은 전혀 부끄러워할 줄 몰라.
　　　　　　　　はじ し
あいつは まったく 恥知らずだ。
아이쓰와　　　맛따꾸　　하지시라즈다

☐ 부끄러워하지 말아요.
は
恥ずかしがらないでください。
하즈까시가라나이데 구다사이

Unit **2** 의심할 때

한번 의심받기 시작하면 그 사람에 대한 신뢰감을 회복하기가 무척 어렵다. 따라서 믿음에 상처를 주는 일은 하지 않는 게 가장 중요하다.

☑ **정말?**
ほん とう
本当?
혼또—

> 상대가 하는 말이 사실인지 아닌지 의심스러울 때 쓰이는 표현으로 회화체에서는 「ほんとう?」를 「ほんと?」로 줄여서 말하기도 한다.

☐ **농담이겠죠?**
じょうだん
冗談でしょう?
죠—단데쇼—

☐ **그런 이야기는 못 믿어.**
はなし   しん
そんな 話は 信じないよ。
손나   하나시와 신지나이요

☐ **그녀, 진심으로 말하고 있는 거니?**
かの じょ   ほん き   い
彼女、本気で 言っているのかな。
가노죠   홍끼데   잇떼이루노까나

☐ **저 남자가 말하는 것은 믿을 수 없어.**
おとこ   い   しん よう
あの男の 言うことは 信用できない。
아노   오또꼬노 이우 고또와   싱요— 데끼나이

☐ **말을 너무 잘하는군.**
はなし
話が うますぎる
하나시가 우마스기루요

Part 4 거리낌 없는 감정 표현

105

☑ 오늘은 우울해.

今日は ゆううつだ。

쿄―와　　유―우쯔다

☐ 마음이 우울해.

気が めいる。

기가　메이루

☐ 비가 내리는 날은 마음이 우울해.

雨の日は 気が めいる。

아메노 히와　끼가　메이루

☐ 아무 것도 할 마음이 생기지 않아.

何もやる 気が おきない。

나니모 야루　기가　오끼나이

☐ 왜 우울하니?

どうして ゆううつなの?

도―시떼　　유―우쯔나노

☐ 오늘 그는 기분이 가라앉아 있어.

今日、彼は 陰気な 感じだ。

쿄―　　가레와　잉끼나　　간지다

Unit 4 놀랐을 때

しまったは 놀랐을 때나 실패하여 몹시 분할 때 내는 말로 우리말의 「아차, 아뿔싸, 큰일 났다」 등으로 해석이 가능하다. 비슷한 표현으로는 たいへんだ가 있다.

☑ 아, 깜짝 놀랐어.
ああ、びっくりした。
아ー   빅꾸리시따

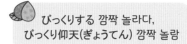
びっくりする 깜짝 놀라다,
びっくり仰天(ぎょうてん) 깜짝 놀람

☐ 그거 놀랍군요.
それは 驚きましたね。
소레와   오도로끼마시따네

☐ 놀라게 하지 말아요.
びっくりさせないでよ。
빅꾸리사세 나이데요

☐ 충격이야!
ショック！
쇽꾸

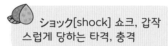
ショック[shock] 쇼크, 갑작
스럽게 당하는 타격, 충격

☐ 깜짝 놀랐잖아.
びっくりするじゃないか。
빅꾸리스루쟈나이까

☐ 그렇게 될 리가 없어!
そうなる はずが ないよ!
소ー 나루   하즈가   나이요

☐ 어, 정말 바보같군!
おや、なんて ばかな!
오야   난떼   바까나

미심쩍을 때 쓰이는 말로는 「本当なの(정말이니?)」, 「冗談でしょう(농담이겠죠?)」, 「何だ
か あやしいな(뭔가 이상한데!)」 등이 있다.

☑ **믿기 어려워!**
しん
信じがたい!
신지가따이

☐ **설마, 그런 일은 없겠죠.**

まさか、そんな こと ないでしょう。
마사까   손나   고또 나이데쇼—

> 「まさか」는 우리말
> 의 「설마, 아무리」에 해
> 당하는 말로 뒤에 부정
> 추측의 말이 뒤따른다.

☐ **설마, 믿을 수 없어요.**
しん
まさか、信じられません。
마사까   신지라레마셍

☐ **정말입니까?**
ほん とう
本当ですか。
혼또—데스까

☐ **설마, 농담이겠죠.**
じょうだん
まさか! ご冗談でしょう。
마사까   고죠—단데쇼—

☐ **진심이야?**
ほん き
本気?
홍끼

 本気(ほんき) 진심, 본정신

Chapter 03 동정과 위로할 때

상대에 대한 위로는 사회생활을 원활히 하기 위한 첫걸음으로 불의의 사고, 재난, 병 등에 대한 동정을 나타내는 것은 자연스런 감정이기도 합니다. 희망했던 일이 이루어지지 않았거나 예정이나 기대에 어긋났을 때는 残念ですね를 쓰며, 갑작스런 사고나 불행한 일을 당한 사람에게는 お気の毒ですね라고 위로합니다. 또한 실의에 빠졌거나 슬픔에 젖어있는 사람에게 용기를 북돋을 때는 頑張ってね가 쓰입니다.

Unit 1 동정할 때

바라던 사항이 잘 이루어지지 않았거나 예정에 어긋났을 때 위로하는 표현으로는 「残念ですね(유감이군요)」가 있으며, 갑작스런 불행이나 사고를 당한 상대방을 동정할 때는 「お気の毒です(안 됐습니다)」가 있다.

☑ **딱하게 됐습니다.**
お気の毒です。
오끼노 도꾸데스

☐ **이야, 유감이군요.**
いやあ、残念ですね。
이야- 잔넨데스네

☐ **불쌍해!**
可愛そうに!
가와이소-니

> 「かわいそうに」는 상대방의 불행을 가엾거나 불쌍하게 여기면서 위로나 동정을 나타낼 때 쓰이는 표현이다.

☐ **운이 없었군요.**
ついてませんでしたね。
쓰이떼 마센데시따네

Unit 2 위로하거나 격려할 때

残念だったね는 분발해서 열심히 노력했지만 성공하지 못했을 때 수고를 위로하면서 격려하는 말이다. 이것은 「ついてなかったね(운이 따르지 않았어)」, 「おしかった(아쉬웠어)」 등으로 바꾸어 표현할 수도 있다.

☑ 자, 힘을 내요.
さあ、元気を 出して。
사ー 겡끼오 다시떼

☐ 그런 일도 자주 있습니다.
そういう こともよく あります。
소ー유ー 고또모 요꾸 아리마스

☐ 당신이 하고 있는 일은 틀리지 않아요.
あなたの やっている ことは 間違っていませんよ。
아나따노 얏떼이루 고또와 마찌갓떼 이마셍요

☐ 이 세상이 끝난 것은 아니잖아요.
この世の 終りという わけでも ないでしょう。
고노요노 오와리또유ー 와께데모 나이데쇼ー

> 「~わけでも ない」는 「~것도 아니다」의 뜻으로 부드러운 부정을 나타낸다.

☐ 인생이란 그런 거예요.
人生なんて そんな ものですよ。
진세ー 난떼 손나 모노데스요

☐ 자책하지 말아요.
自分を 責めないで。
지붕오 세메나이데

110

Unit **3** 애도할 때

여기서는 조문을 가서 애도의 말을 건넬 때 쓰는 표현과 주위 사람이 상을 당해 슬퍼할 때 위로하는 표현들을 익힌다.

☑ **상심이 크시겠습니다.**
ご愁傷様です。
고슈―쇼―사마데스

☐ **아까운 분을 잃으셨습니다.**
惜しい 人を 亡くしました。
오시―　히또오　나꾸시마시따

☐ **부디 낙심하지 마십시오.**
どうぞ 気を 落とさないでください。
도―조　기오　오또사나이데 구다사이

☐ **이번에 큰일을 당하셨군요.**
この度は 大変でしたね。
고노　다비와　다이헨데시따네

☐ **충심으로 위로의 말씀을 드립니다.**
衷心から お悔やみ申し上げます。
츄―싱까라　오꾸야미　모―시아게마스

Part 4　거리낌 없는 감정 표현

Chapter 04

불만과 불평을 나타낼 때

불만(不満)은 불만족(不満足)의 준말입니다. 「만족하지 않다, 만족스럽지 못하다」라는 뜻입니다. 그러나 불평(不平)은 마음에 불만이 있어 못마땅하게 여기고, 그 못마땅함을 말이나 행동으로 드러내어 표현하는 것입니다. 따라서 불만이 원인이 되어 불평을 하게 되는 것입니다. 진절머리가 나거나 지루할 때는 退屈だ(지루해)라고 말하거나 もうたくさんだ(이제 됐어)라고 말합니다. 말을 강력히 제지할 때는 黙れ(닥쳐)라고 하면 됩니다.

Unit 1 불만스러울 때

일이 잘못되었거나 기대한 만큼의 결과가 나오지 않았을 때 화가 나는 법이다. 이런 불평이나 불만을 나타낼 때 자신도 모르게 나오는 소리가 일본어에서는 「ちぇっ(쳇)」, 「あっ、しまった(아뿔싸)」 등이 있다.

☑ **너무 바빠.**

忙しすぎるよ。

이소가스기루요

☐ **이 일은 나에게 너무 버거워요.**

この仕事は 私には 荷が 重すぎます。

고노　시고또와　와따시니와　니가　오모스기마스

☐ **이제 더 이상 참을 수 없어.**

もう これ以上 耐えられないよ。

모-　고레　이죠-　다에라레나이요

☐ **그의 대답은 납득할 수 없어.**

彼の 答えでは 納得できない。

가레노　고따에데와　낫또꾸 데끼나이

Unit **2** 불평을 할 때

「불만을 품다」는 不満(ふまん)을 抱(いだ)く라 하고, 「불평을 하다」라고 할 때는 「不平(ふへい)을 言(い)う」라고 한다. 또한 「불평을 늘어놓다」라고 할 때는 「不平을 並(なら)べる」라고 한다.

☑ **어떻게 해 줘요.**

何とかしてよ。

난또까 시떼요

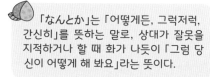

「なんとか」는 「어떻게든, 그럭저럭, 간신히」를 뜻하는 말로, 상대가 잘못을 지적하거나 할 때 화가 나듯이 「그럼 당신이 어떻게 해 봐요」라는 뜻이다.

☐ **이 얼마나 돈과 시간 낭비야.**

なんて お金と 時間の むだなんだ。

난떼　오까네또　지깐노　무다난다

☐ **아뿔싸. 잊었다.**

あっ、しまった。忘れた。

앗　시맛따　와스레따

☐ **너는 도움이 안 돼.**

君は 役立たずだ。

기미와　야꾸다따즈다

☐ **머리가 돌겠어.**

頭が 変になるよ。

아따마가 헨니 나루요

☐ **그는 나에게 불공평해.**

彼は 私に 不公平だ。

가레와　와따시니　후꼬-헤-다

☑ **지루해.**

退屈だ。
たい くつ

다이꾸쓰다

☐ **시시해.**

つまらないなあ。

쓰마라나이나ー

☐ **보잘것없어.**

取るに 足らないよ。
と   た

도루니와   다라나이요

> 取るに 足らない 중요한
> 것이 아니다, 하잘것없다

☐ **어지간히 해.**

いいかげんに してくれよ。

이ー 카겐니   시떼 구레요

☐ **이제 참을 수 없어.**

もう 我慢できない。
    が まん

모ー   가만 데끼나이

☐ **이제 됐어.**

もう たくさんだ。

모ー   다꾸산다

여기서는 지나친 불평이나 불필요한 말을 하여 귀찮게 굴 때 저지하는 표현을 익힌다.

☑ **너저분하게 말참견하지 마.**

ごちゃごちゃ 口出ししないでよ。
고쨔고쨔　　　구찌다시 시나이데요

> ごちゃごちゃ 이러쿵
> 저러쿵 불평불만을 나타
> 내거나 다양한 것이 어수
> 선하게 섞여 있는 모양

☐ **큰소리 지르지 마!**

大声を 出すな!
오-고에오　다스나

☐ **투덜거리지 마.**

ぶつぶつ 言うな!
부쓰부쓰　　　이우나

☐ **좀 얌전하게 해라.**

少し おとなしくしなさい。
스꼬시 오또나시꾸 시나사이

☐ **시끄럽게 하지 마!**

がみがみ 言うな!
가미가미　　　이우나

 がみがみ 딱딱, 시끄럽게

☐ **말대꾸하지 말아요!**

口答えは しないで!
구찌고따에와　시나이데

Chapter 05 후회와 감탄을 할 때

적당한 감정의 표현은 대화에 생동감을 불어넣어 줍니다. 우왓, すばらしい! かっこいい! すてき! うまい! 등 감탄의 기분을 나타내는 말도 풍부하게 익혀두기 바랍니다. 또한 일본인은 상대에 대한 칭찬에 대해서는 말을 아끼지 않습니다. 더듬거리는 일본어로 말을 걸어도 日本語はお上手ですね라고 칭찬을 합니다. 이처럼 일본인은 사소한 것이라도 칭찬을 하는 습관이 몸에 배어 있으므로 액면 그대로 받아들이면 오해하기 쉬운 경우도 종종 있습니다.

Unit 1 실망했을 때

상대에게 또는 자신 스스로에게 기대에 못 미치거나 실수를 했을 때 실망을 하게 된다. 실망을 할 때는 보통 「がっかりする(실망하다)」, 「残念だ(유감이다)」라고 하며, 한자어로는 「失望(しつぼう)する」라고 표현한다.

☑ **실망이야.**

がっかりだ。

각까리다

☐ **쓸데없이 고생했어.**

むだな 骨折(ほねお)りだった。

무다나　호네오리닷따

☐ **그렇게 분발했는데.**

あんなに 頑張(がんば)ったのに。

안나니　감밧따노니

☐ **시간 낭비야.**

時間(じかん)の むだだよ。

지깐노　무다다요

무슨 일이나 한번 마음을 먹으면 포기하지 않고 끝까지 해나가면 좋겠지만, 어쩔 수 없는 상황으로 중도에 그만두는 일이 생기기도 한다. 어떤 일에 단념을 하거나 체념할 때 쓰이는 일본어 표현으로는 「あきらめたよ(포기했어)」, 「仕方が ないよ(어쩔 수 없어)」 등이 있다.

✓ 포기했어.

あきらめたよ。
아끼라메따요

 「あきらめる」는 마음먹었던 일이나 추진하고 있는 일을 계속하지 못하고 중도에서 포기할 때 쓰이는 표현이다.

☐ 어쩔 도리가 없어.

どうしようもないよ。
도— 시요—모 나이요

「どうしようもない」는 포기하지 않을 수 없는 상황이나 어찌 할 방법이 없는 상황을 말할 때 쓰이는 표현이다.

☐ 전망이 없어.

見込みなしだ。
미꼬미　　나시다

「見込(みこ)みなし」는 상대나 어떤 일에 대한 가능성이나 희망이 없어 기대할 수 없는 상태를 나타낼 때 쓰이는 표현이다.

☐ 방법이 없어.

仕方が ないよ。
시까따가　　나이요

「仕方(しかた)」는 하는 방법이나 방식을 말한다. 따라서 「仕方が ない」는 「하는 수 없다, 어쩔 방법(도리)이 없다」의 뜻으로 「しょうが ない」와 같은 용법으로 쓰인다.

☐ 절망적이야.

絶望的だ。
제쓰보—테끼다

☐ 그렇게 하는 것 이외에 달리 취할 길이 없어.

そうする 以外に とるべき 道は ないんだ。
소—스루　　이가이니　도루베끼　　미찌와　나인다

이미 엎질러진 물은 주워 담을 수 없듯이 말이나 행동의 실책에 대해 뒤늦게 후회해도 소용이 없다. 일본어에서 후회할 때 쓰이는 표현으로는 문말에「~なければ よかった(~하지 않았으면 좋았을걸)」를 접속하여 나타낸다.

☑ 저런 짓을 하지 않았으면 좋았을걸.

あんな こと しなければ よかった。
안나   고또   시나께레바   요깟따

☐ 저런 말을 하지 않았으면 좋았을걸.

あんな こと 言わなければ よかった。
안나   고또   이와나께레바   요깟따

☐ 바보 같은 짓을 하고 말았어.

ばかな ことを してしまった。
바까나   고또오   시떼 시맛따

☐ 내가 한 일을 후회하고 있어.

自分のした ことを 後悔している。
지분노 시따   고또오   코ー까이시떼 이루

☐ 더 공부해 두었으면 좋았을걸.

もっと 勉強しておけば よかった。
못또   벵꾜ー시떼   오께바   요깟따

☐ 그에게 물어보았으면 좋았을걸.

彼に 聞いておけば よかった。
가레니 기이떼   오께바   요깟따

「~ておけば よかったのに」는「~해 두었으면 좋았을텐데」의 뜻으로 미리 해 두지 못한 것에 대한 후회를 나타낸다.「のに」는 문말에 접속하여「~텐데」의 뜻으로 후회나 아쉬움을 나타낸다.

Unit **4** 감탄할 때

「すてき」는 주로 겉모양이 근사하고 멋진 것을 표현할 때 쓰이며, 인격이나 행동이 멋지고 근사할 때는 「すばらしい」라고 한다.

☑ **멋지군요.**
素晴らしいですね。
스바라시-데스네

☐ **멋져!**
素敵!
스떼끼

☐ **정말 예쁘죠.**
なんて 綺麗なんでしょう。
난떼   기레-난데쇼-

☐ **에-, 이거 대단하군!**
へえ、これは すごい!
헤-   고레와   스고이

> 「すごい」는 본래 「무섭다, 무시무시하다」의 뜻을 가진 형용사이지만, 속어적으로 실력이나 결과 등이 「대단하다, 굉장하다, 뛰어나다」의 뜻으로도 쓰인다.

☐ **아름답구나.**
美しいなあ。
우쯔꾸시-나-

☐ **경치가 좋군요.**
いい 景色ですね。
이-   게시끼데스네

우리는 무슨 일에 놀랐거나 조마조마 가슴을 졸이며 기대하고 있던 일이 이루어졌을 때 안도의 한숨을 쉬게 된다. 안심할 때 자신도 모르게 나오는 소리로는 「ほっとした(안심했다)」, 「おどろいた(놀랐잖아)」 등이 있다.

☑ **아, 한숨 돌렸어!**

ああ、ほっとした!

아ー　　홋또시따

> 「ほっと」는 부사어로 한숨 돌리는 모양을 나타내며, 「ほっとする」의 형태로 쓰일 때는 어떤 일이나 사태가 무사해서 안심하는 모양을 나타낸다.

☐ **다행이야.**

よかったね。

요깟따네

> 「よかった」는 「좋다」라는 뜻을 가진 형용사 「よい」의 과거형으로 「좋았다」라는 뜻이지만, 어떤 일이 무사히 진행되었을 때는 「다행이다」라는 뜻으로도 쓰인다.

☐ **놀랐어!**

驚いた!

오도로이따

☐ **그걸 듣고 가슴이 시원했어.**

それを 聞いて 胸が すっきりした。

소레오　　기이떼　　무네가　　슥끼리시따

☐ **좋은 액땜이야.**

いい 厄介払いだ。

이ー　　약까이바라이다

> 「厄介払い」는 귀찮고 성가신 일이나 좋지 않은 일 따위를 떨어내는 것을 말하며, 우리말의 「액땜」에 해당한다.

우리는 대체적으로 남을 칭찬하는 데는 인색한 편이다. 그러나 일본인은 본마음은 그렇지 않더라도 칭찬을 잘 하는 편이다. 칭찬할 때 많이 쓰이는 일본어로는 「すばらしい(멋지다)」, 「お上手ですね(잘하시네요)」 등이 있다.

☑ **잘 어울려요.**

とても 似合いますよ。
도떼모   니아이마스요

□ **고마워요. 저도 마음에 듭니다.**

ありがとう。私も 気に入ってるんです。
아리가또-   와따시모 기니 잇떼룬데스

□ **멋져요! 내가 가지고 싶었던 것은 이거예요.**

すばらしい! 私が 欲しかったのは これですよ。
스바라시-   와따시가 호시깟따노와   고레데스요

□ **훌륭합니다.**

お見事です。
오미고또데스

□ **그에게 박수를 보냅시다.**

彼に 拍手を 送りましょう。
가레니 하꾸슈오 오꾸리마쇼-

□ **칭찬해 주셔서 고마워요.**

お誉めいただいて ありがとう。
오호메 이따다이떼   아리가또-

Chapter 06 비난과 화해를 할 때

우리말에는 셀 수 없을 정도로 상대를 비난할 때 쓰이는 욕설에 관한 표현이 많지만, 일본어에는 손을 꼽을 정도로 적습니다. 텔레비전 드라마나 영화 등에서 가끔 나오는 ばかやろ!나 このやろ! 등이 고작이며, 심하게 말할 때는 ちくしょう! 정도입니다. 또한 상대의 말에 신뢰를 할 수 없어 비난할 때는 주로 うそつき!가 쓰이며, 상대의 비난이나 욕설 등을 제지할 때는 금지를 나타내는 종조사 な를 동사의 기본형에 접속하여 사용합니다.

Unit 1 비난할 때

외국인과 싸우면서 비난하는 일은 그리 많지 않지만, 만약을 위해 이런 표현도 익혀두면 도움이 될 때가 있다. 상대방이 거짓말을 하면 「嘘つき」라고 비난하고, 거짓말이나 허풍을 떨 때는 「ふざけるな」라고 하며 말을 가로막는다.

☑ **거짓말을 하지마.**

うそ
嘘を つくな。

우소오 쓰꾸나

☐ **농담은 그만둬!**

じょうだん
冗談は やめてくれ!

죠-당와　야메떼 구레

☐ **바보 같은 소리 집어치워!**

ばかな ことは やめろ!

바까나　고또와　야메로

☐ **시치미 떼지 마!**

とぼけるな!

도보께루나

 「とぼけるな」는 상대가 모른 척을 하거나 시치미를 뗄 때 쓰이는 말이다.

122

Unit 2 험담할 때

일본어에는 우리말에서처럼 상대를 비난하는 욕설이 많지가 않다. 드라마나 영화, 만화, 소설 등에서 볼 수 있는 ばか(바보), やろう(녀석), ちくしょう(×자식) 정도이다.

☑ **겁쟁이!**

おくびょう
臆病もの!
오꾸뵤-모노

> 「もの」는 보통 한자로 표기할 경우 「者」라고 쓰고, 사람을 막 되게 부르는 뜻을 갖는다.

☐ **비열한 놈!**

けち!
게찌

> けち 구두쇠, 자린고비, 속이 좁음, 비열함

☐ **이 녀석!**

この やろう!
고노　야로-

☐ **이 바보!**

この ばか!
고노　바까

☐ **교활한 녀석!**

ずるい やつめ!
즈루이　야쓰메

> 「め」는 체언에 접속하여 한층 낮추어 보는 뜻을 나타내거나, 자신에 대한 경양의 뜻을 나타내는 말로 우리말의 「놈」에 해당한다.

☐ **정말 은혜도 모르는 놈이다!**

なん　おん し　　　　やつ
何て 恩知らずな 奴だ!
난떼　온시라즈나　　야쓰다

상대와 싸웠거나 말다툼을 하여 감정이 상했을 때는 화해(仲直り)를 해야 한다. 그래야 사이좋게(仲よく) 지낼 수 있기 때문이다.

☑ **화해하자.**
なか なお
仲直りしよう。
나까나오리 시요−

☐ **화해했니?**
なか なお
仲直りした?
나까나오리시따

> 「仲(なか)」는 「사이」, 「直り」는 「直る(고쳐지다)」의 명사형이다. 따라서 「仲直り」는 불화가 풀리고 사이가 좋아지는 것을 말한다.

☐ **사이좋게 지내라.**
なか よ
仲良くしなさい。
나까요꾸 시나사이

☐ **없던 걸로 하자.**
みず なが
水に 流そう。
미즈니 나가소−

> 「水(みず)に 流(なが)す」는 「물에 흘려버리다」의 뜻으로 지나간 일은 없었던 것으로 하고 일체 탓하지 않는다는 것을 말한다.

☐ **악의는 없었어.**
わる ぎ
悪気は なかったよ。
와루기와　나깟따요

> 「悪気(わるぎ)」는 「나쁜 마음」을 뜻하며, 위의 표현은 상대에게 나쁜 의도로 행동을 하거나 말을 하는 게 아니라고 변명할 때 쓰인다.

☐ **화해는 할 수 없니?**
なか なお
仲直りは できないのかい。
나까나오리와　데끼나이노까이

PART

5

일상생활의 화제 표현

일본인은 개미로 비유될 만큼 열심히 일하는 민족이라고 합니다. 일본인의 생활 시간을 보면 24시간 중 수면시간이 약 8시간, 일하는 시간은 7시간입니다. 그 외에는 식사시간이 아주 짧아 하루 1시간 반에 불과한 데에 반해, 통근시간은 평균 1시간(편도)을 넘습니다. TV를 보거나 라디오를 듣는 시간은 3~4시간, 신문을 보는 시간이 50분인 반면, 교제 시간은 하루평균 약 40분에 불과하다고 합니다.

Chapter 01

가족에 대해서

조금 친해지면 ご兄弟はおありですか라든가 何人家族ですか라는 형제자매나 가족에 대한 화제가 시작됩니다. 일본어에서 자신의 가족을 상대에게 말할 때는 윗사람이건 아랫사람이건 모두 낮추어서 말하고 상대방의 가족을 말할 때는 비록 어린애라도 존경의 의미를 나타내는 접두어 ご(お)나 접미어 さん을 붙여서 높여 말하는 것이 우리와 큰 차이점입니다. 단 가족끼리 부를 때는 윗사람은 높여서 말합니다.

Unit 1 가족에 대해 말할 때

일본도 산업화로 인하여 「大家族(だいかぞく)」제도에서 벗어나 「核家族(かくかぞく)」화로 가족 단위가 소규모이다. 가족 인원수를 물을 때는 「ご家族は 何人ですか」라고 하며, 이에 대한 응답 표현은 「○人です」, 또는 「○人家族です」라고 하면 된다.

☑ 가족은 몇 명입니까?
何人家族ですか。
난닝 카조꾸데스까

□ 부모님과 여동생이 있습니다.
両親と 妹が います。
료-신또   이모-또가 이마스

□ 5인 가족입니다.
5人家族です。
고닝 카조꾸데스

□ 가족을 보러 몇 번 정도 고향에 갑니까?
ご家族に 会いに 何回くらい 帰省しますか。
고카조꾸니   아이니   낭까이 쿠라이   키세-시마스까

일본어에서는 우리와는 달리 자신의 가족을 상대에게 말할 때는 자신보다 윗사람이더라도 상대에게 낮추어 말하고, 상대방의 가족을 말할 때는 나이가 자신보다 어리더라도 접두어 「お(ご)」나 접미어 「さん」을 붙여 높여서 말한다.

✓ **형제자매는 있으십니까?**

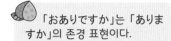
「おありですか」는 「ありますか」의 존경 표현이다.

きょうだい し まい
兄弟姉妹は おありですか。

쿄ー다이 시마이와   오아리데스까

☐ **형제는 몇 분입니까?**

きょうだい　　　なんにん
ご兄弟は 何人ですか。

고쿄ー다이와   난닌데스까

☐ **당신이 형제자매 중에서 제일 위입니까?**

きょうだい し まい　　　　　　とし うえ
あなたが 兄弟姉妹で いちばん 年上ですか。

아나따가   쿄ー다이 시마이데 이찌반   도시우에데스까

☐ **동생은 몇 살입니까?**

おとうと
弟さんは いくつですか。

오또ー또상와   이꾸쯔데스까

☐ **여동생은 무엇을 하고 있습니까?**

いもうと　　　なに
妹さんは 何を していますか。

이모ー또상와   나니오 시떼 이마스까

가족간에 부를 때는 윗사람인 경우는 さん을 붙여 말하며, 아랫사람인 경우는 이름만을 부르거나, 이름 뒤에 애칭인 ちゃん을 붙여 부른다. 친족에 대한 호칭은 우리처럼 촌수로 구분하여 복잡하게 표현하지 않는다.

☑ 부모님 연세는 몇입니까?

ご両親は おいくつですか。

고료-싱와   오이꾸쯔데쓰까

☐ 부모님과 함께 살고 있습니까?

ご両親と いっしょに 住んでいるんですか。

고료-신또   잇쇼니   슨데이룬데스까

☐ 할아버지와 할머니는 건강하십니까?

おじいさんと おばあさんは ご健在ですか。

오지-산또 오바-상와   고켄자이데스까

☐ 아이는 있나요?

お子さんは?

오꼬상와

☐ 아이는 없습니다.

子供は いません。

고도모와   이마셍

☐ 초등학생인 딸이 하나 있습니다.

小学生の娘が ひとり います。

쇼-각세-노   무스메가 히또리   이마스

Chapter 02

직장에 대해서

일본에서는 자신이 속해 있는 사람을 외부 사람에게 말을 할 경우에는 우리와는 달리 자신의 상사라도 높여서 말하지 않습니다. 예를 들면「부장님은 지금 회의중이십니다」라고 일본어로 표현할 때는 部長はただいま会議中です라고 해야 합니다. 비록 외부 사람이 부장보다 직위가 낮더라도 자신이 속한 회사의 사람을 낮추어 말하는 것입니다. 단, 직장 내에서 호출을 할 때 상사인 경우에는 さん을 붙여 말합니다.

Unit 1 직장에 대해 말할 때

직업 분류에는 크게「会社員(かいしゃいん)」과「自営業(じえいぎょう)」으로 나눌 수 있다. 일본에서는 공무원을「役人(やくにん)」이라고도 하며, 회사원을「サラリーマン」이라고 한다.

✓ 어느 회사에 근무합니까?

どの 会社に 勤めていますか。
かいしゃ／つと
도노 카이샤니　쓰또메떼 이마스까

 우리말의「~에 근무하다」를 일본어로 표현하면「~に 勤める」가 된다.

☐ 저는 이 회사에 근무합니다.

私は この会社に 勤めています。
わたし／かいしゃ／つと
와따시와 고노 카이샤니　쓰또메떼 이마스

☐ 어느 부서입니까?

部署は どこですか。
ぶしょ
부쇼와　도꼬데스까

회사의 부서에는 우리와 비슷하여「営業部(えいぎょうぶ)영업부, 企画部(きかくぶ)기획부, 経理部(けいりぶ)경리부, 開発部(かいはつぶ)개발부, 広報部(こうほうぶ)홍보부, 生産部(せいさんぶ)생산부」등이 있다.

☐ 회사는 어디에 있습니까?

会社は どこに あるんですか。
かいしゃ
카이샤와　도꼬니　아룬데스까

시간이 「걸리다」라고 할 때는 「かかる」라는 동사를 쓰며, 교통편을 이용하여 출근할 때는 「~に 乗って 行く」라고 한다. 우리는 회사 일을 마치고 집에 오는 것을 「退勤」이라고 하지만, 일본어에서는 보통 「退社(たいしゃ)」라고 한다.

☑ 제 시간에 도착했어!
間に合ったぞ!
마니 앗따조

☐ 시간엄수야!
時間厳守だ!
지깡겐슈다

☐ 자네, 또 지각이군.
君、また 遅刻だね。
기미 마따   치꼬꾸다네

☐ 타임카드 찍었니?
タイムカード 押した?
타이무카ー도   오시따

Unit 3 근무할 때

회사에 「入社(にゅうしゃ)」하여 일을 할 수 없는 나이가 되면 「退職(たいしょく)」하기 마련이다. 일본의 회사는 대부분 「終身雇用制(しゅうしんこようせい)」를 채택하기 때문에 좀처럼 중간에 회사를 그만두는 일이 없다. 하지만 요즘은 이러한 제도가 무너져 「転職(てんしょく)」하는 사람도 늘어나고 있다.

☑ 스케줄을 확인해 보겠습니다.

スケジュールを 確認してみます。
스케쥬-루오　　　　카꾸닌시떼 미마스

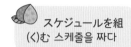

スケジュールを組
(く)む 스케줄을 짜다

☐ 이 서류를 복사해 주겠나?

この書類を コピーしてくれる?
고노　쇼루이오　코삐-시떼 구레루

☐ 이 복사기는 고장났습니다.

このコピー機は こわれています。
고노 코삐-끼와　　　　고와레떼 이마스

☐ 일은 어때?

仕事は どうだい?
시고또와　　도-다이

☐ 회의가 길어질 것 같아.

会議は 長引きそうだ。
카이기와　　나가비끼 소-다

☐ 할 수 있는 데까지는 했어.

できるかぎりの 事は した。
데끼루 카기리노　　　　고또와 시따

Part 5 일상생활의 화제 표현

☑ 다시 한번 처음부터 해 주게.

もう一度最初から やり直してくれ。

모- 이찌도 사이쇼까라　 야리나오시떼 구레

☐ 이걸 팩스로 넣어 주게.

これを ファックスしてくれ。

고레오　 확꾸스시떼 구레

☐ 서류를 나에게 제출해 주게.

書類を 私に 提出してくれ。

쇼루이오　 와따시니 테-슈쯔시떼 구레

☐ 오늘밤은 잔업 하니?

今夜は 残業するの?

공야와　 장교-스루노

☐ 이 보고서를 오늘 중으로 마무리하게!

この レポートを 今日中に 仕上げてくれ!

고노　 레뽀-또오　 쿄-쥬-니　 시아게떼 구레

☑ 집에 돌아갈 시간이야.

家に 帰る 時間だ。

이에니 가에루 지깐다

□ 오늘은 바빴어.

今日は 忙しかったよ。

쿄ー와   이소가시깟따요

□ 이제 끝내자.

もう 終りにしよう。

모ー   오와리니 시요ー

□ 이제 지쳤어. 오늘은 여기까지 하자.

もう 疲れたよ。今日は ここまでに しよう。

모ー   쓰까레따요   쿄ー와   고꼬마데니   시요ー

□ 수고했어요.

お疲れさま。

오쓰까레사마

□ 그럼, 먼저 실례하겠습니다.

では、お先に 失礼します。

데와   오사끼니   시쯔레ー 시마스

누구하고나 친숙해지려면 우선 상대가 하고 있는 업무나 일에 대해 관심을 표명하는 게 제일 좋은 방법이다. 여기서는 상대의 일과 자신의 일을 서로 주고받는 표현을 익혀서 일본인과의 대화의 폭을 넓히고, 친근감을 갖도록 하자.

☑ 그와는 마음이 맞니?

彼とは ウマが 合う?

카레또와   우마가 아우

□ 나는 모두와 잘 지내고 싶어.

私は みんなと うまくやって いきたいんだ。

와따시와 민나또   우마꾸 얏떼   이끼따인다

□ 넌 상사를 좋아하니?

あなたは 上司しが 好きなの?

아나따와   죠-시가   스끼나노

□ 아냐, 그는 나를 너무 심하게 다뤄.

いや、彼は 私に とても つらく あたるんだ。

이야   카레와 와따시니 도떼모 쓰라꾸   아따룬다

□ 그는 매우 엄격해.

彼は 本当に きびしい。

카레와 혼또-니   기비시-

□ 그에게는 많은 신세를 지고 있습니다.

彼には たいへん お世話に なっています。

카레니와   다이헨   오세와니 낫떼 이마스

Chapter 03 학교에 대해서

학생이냐고 물을 때는 보통 学生さんですか, 학년을 물을 때는 何年生ですか라고 합니다. 또한 다니는 학교를 물어왔을 때는 …大学に行っています라고 하며, 어느 학교를 졸업했는지를 물을 때는 どこの学校を出ましたか라고 하고, 전공에 대해서 물을 때는 専攻は何ですか라고 합니다. 또한 시험에 대해서 물을 때는 今度の試験はどうでしたか, 시험이 어려웠으면 予想意外に難しかったです, 쉬웠으면 易しかったです라고 표현합니다

Unit 1 출신 학교에 대해 말할 때

여기서는 상대가 지금 학교에 다니는 학생인지, 언제 졸업했는지, 그리고 전공은 무엇인지에 관한 여러 가지 질문과 답변을 익혀보도록 하자.

☑ 대학은 이미 졸업했습니다.

学校は もう 卒業しています。

각꼬―와　　모―　　소쯔교―시떼 이마스

□ 어느 대학을 나왔습니까?

どちらの 大学を 出ましたか。

도찌라노　　다이가꾸오 데마시따까

□ 어느 대학을 다니고 있습니까?

どちらの 大学に 行っていますか。

도찌라노　　다이가꾸니 잇떼 이마스까

学校(がっこう)に 通(かよ)う
학교에 다니다
入学(にゅうがく)する 입학하다 ↔
卒業(そつぎょう)する 졸업하다

상대가 대학생이라는 것을 알게 되면 우선 전공을 물어보게 된다. 보통 「～を 専攻して います(～을 전공하고 있습니다)」라고 응답해도 무방하며, 「～を 勉強しています(～을 공부하고 있습니다)」라고 할 수도 있다.

☑ **전공은 무엇입니까?**

専攻は何ですか。

셍꼬-와 난데스까

> 学位を取る 학위를 따다.
> 学士(がくし) 학사 → 修士(しゅうし) 석사 → 博士(はくし) 박사

☐ **무엇을 전공하셨습니까?**

何を専攻なさいましたか。

나니오 셍꼬- 나사이마시다까

> 法学(ほうがく) 経済学(けいざいがく) 文学(ぶんがく) 医学(いがく) 薬学(やくがく) 工学(こうがく) 物理学(ぶつりがく) 社会学(しゃかいがく) 経営学(けいえいがく)

☐ **대학에서 무엇을 공부했습니까?**

大学では 何を 勉強しましたか。

다이가꾸데와 나니오 벵꼬- 시마시따까

☐ **학부와 대학원에서 일본 문학을 전공했습니다.**

学部と 大学院で 日本の文学を 専攻しました。

가꾸부또 다이가꾸인데 니혼노 붕가꾸오 셍꼬- 시마시따

☐ **경제를 전공하고 있습니까?**

経済を 専攻していますか。

게-자이오 셍꼬-시떼 이마스까

Unit 3 동아리·아르바이트에 대해 말할 때

우리가 흔히 말하는 동아리는 일본어에서는 **클럽**이라고 한다. 클럽은 club을 일본식 발음으로 표기한 것이며, 한자로는 **俱楽部**(くらぶ)라고도 표기한다. 일본의 대학생들도 용돈이나 학비를 마련하기 위해 아르바이트를 한다. 시간당 임금을 계산하며, 우리와 다른 점은 집에서 아르바이트 장소까지 교통비를 지급한다.

☑ **무슨 동아리에 들었어요?**

何の クラブに 入ってるんですか。
난노　　쿠라부니　　하잇떼룬데스까

☐ **대학시절에 무슨 동아리에서 활동했습니까?**

大学時代に 何か クラブ活動を しましたか。
다이가꾸지다이니　나니까　쿠라부　카쓰도－오　시마시따까

☐ **어느 동아리에 소속되어 있습니까?**

どの クラブに 属していますか。
도노　　쿠라부니　　조꾸시떼 이마스까

☐ **아르바이트는 하고 있니?**

アルバイトは しているの?
아루바이또와　　　시떼이루노

☐ **파트타임으로 일하고 있습니까?**

パートで 働いているんですか。
파－또데　　하따라이떼 이룬데스까

> パートは part time을 줄인 말로 일본식 영어 표현이다.

☐ **졸업하면 어떻게 할 겁니까?**

卒業したら どうするんですか。
소쯔교－시따라　도－ 스룬데스까

「学生さん」은 대학생을 말하며, 「さん」을 붙여 말한 것은 상대를 높여 말한 것이다. 이처럼 「さん」은 우리말의 「씨, 양」등으로 해석되지만, 쓰임의 폭이 매우 넓어 직업을 나타내는 말에 붙어 상대를 존중하는 의미로도 쓰인다.

☑ **학생입니까?**

ぐくせい
学生さんですか。

각세-산데스까

> 유치원생이나 초등학생은 보통 「児童 (じどう)」라고 말하고, 중·고등학생은 「生徒 (せいと)」라고 한다. 우리가 말하는 「学生 (がくせい)」는 흔히 대학생을 일컫는다.

☐ **몇 학년입니까?**

なんねんせい
何年生ですか。

난네세-데스까

> 일본어에서 학년을 말할 때 는 반드시 「~ 年生(ねんせい)」 라고 표현해야 한다.

☐ **학교는 집에서 가깝습니까?**

がっ こう　　 いえ　　ちか
学校は 家から 近いですか。

각꼬-와　　이에까라　　치까이데스까

☐ **지금 다니고 있는 학교는 어때요?**

いま　 かよ　　　　　 がっ こう
今、通っている 学校は どうですか。

이마　가욧떼이루　　　　각꼬-와　　　도-데스까

☐ **캠퍼스는 넓고 조용합니다.**

ひろ　　 しず
キャンパスは 広くて 静かです。

캄파스와　　　　　히로꾸떼　시즈까데스

☐ **저게 도서관입니까?**

と しょ かん
あれが 図書館ですか。

아레가　　　도쇼깐데스까

일본의 학제는 우리와 동일하여 小学校(しょうがっこう:6년), 中学校(ちゅうがっこう:3년), 高等学校(こうとうがっこう:3년), 大学(だいがく:4년)이다.

☑ **언제부터 중간고사가 시작됩니까?**

いつから 中間テストが 始まりますか。
_{이쓰까라　츄ー깐 테스또가　하지마리마스까}

> 試験(しけん)を受(う)
> ける 시험을 치르다(보다)

☐ **날새기로 공부해야 합니다.**

徹夜で 勉強しなければ いけません。
_{데쓰야데　벵꾜시나께레바　이께마셍}

☐ **이번 시험은 어땠어요?**

今度の 試験は どうでしたか。
_{곤도노　시껭와　도ー데시따까}

☐ **상당히 어려웠어요.**

なかなか 難しかったですよ。
_{나까나까　무즈까시깟따데스요}

☐ **시험 결과는 어땠어요?**

試験の 結果は どうでしたか。
_{시껜노　겟까와　도ー데시따까}

☐ **합격했습니다.**

合格でした。
_{고ー까꾸데시따}

> 試験(しけん)に受(う)かる
> 시험에 붙다 ↔ 試験にしくじる
> 시험에 실패하다

여기서는 수업시간에 기본적으로 사용할 수 있는 표현을 익히도록 하자.

☑ **5쪽까지 읽어 주세요.**

5ページまで 読んでください。

고페-지마데　　　욘데 구다사이

□ **칠판의 글씨를 쓰세요.**

黒板の字を 書いてください。

고꾸반노 지오　　　가이떼 구다사이

□ **3쪽을 펼치세요.**

3ページを 開けてください。

삼 페-지오　　　아께떼 구다사이

□ **책을 덮으세요.**

本を 閉じてください。

홍오　　도지떼 구다사이

本(ほん)を開ける 책을 펴다
↔ 本を閉(と)じる 책을 덮다

□ **이 내용을 전부 외우세요.**

この内容を 全部 覚えてください。

고노　　나이요-오 젬부　　오보에떼 구다사이

□ **다시 한번 설명해 주세요.**

もう 一度 説明してください。

모-　이찌도　세쯔메-시떼 구다사이

☑ 여러분, 잘 들립니까?

みなさん、よく 聞こえますか。

미나상   요꾸   기꼬에마스까

☐ 알겠습니까?

分かりますか。

와까리마스까

☐ 질문은 없습니까?

質問は ありませんか。

시쯔몽와   아리마셍까

☐ 오늘은 이만 마치겠어요.

今日は これで 終わりましょう。

쿄-와   고레데   오와리마쇼-

Chapter 04

외모에 대해서

신장을 물을 때는 背はどのくらいありますか, 체중을 물을 때는 体重はどのくらいですか라고 합니다. 다만, 상대의 신체에 관련된 질문을 할 때는 경우에 따라서는 약점을 건드릴 수도 있으므로 신중하게 질문할 필요가 있습니다. 잘생긴 남자를 말할 때는 주로 영어의 ハンサム(handsome)라고 말하며, 여자를 말할 때는 美人(びじん)이라고 합니다. 예쁘다고 할 때는 きれい라고 하며, 귀엽다고 할 때는 かわいい라고 합니다.

Unit 1 키에 대해 말할 때

우리가 흔히 부르는 왜인(矮人)이라는 말은 키가 작은 일본인을 비하한 말이지만, 지금은 음식 문화의 개선으로 키가 큰 일본인을 많이 볼 수 있다.

☑ 키는 어느 정도 됩니까?

背は どのくらい ありますか。
세와　도노쿠라이　아리마스까

「ある」는 수량을 나타내는 말에 붙어 그만한 수량이 된다는 뜻을 나타낸다.

□ 키는 큰 편입니다.

背は 高い ほうです。
세와　다카이　호-데스

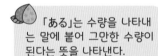
「~ほうです」는 활용어에 접속하여 다른 한쪽을 들어 말할 때 쓰이는 표현이다.

□ 그녀는 키가 크고 날씬합니다.

彼女は 背が 高く、すらっとしています。
가노죠와　세가　다까꾸　스랏또시떼 이마스

□ 저 사람은 적당히 살쪘고 키도 적당합니다.

あの人は 中肉中背です。
아노　히또와　츄-니꾸 츄-제-데스

Unit 2 체중에 대해 말할 때

일본인들을 옛날에 왜인이라고 했는데, 그것은 오랜 불교의 영향으로 육식을 하지 못하고 생선이나 두부로 단백질을 보충하고 채식과 밥을 주식으로 하다보니 아무래도 영양적인 측면에서 충분한 단백질을 제공받지 못해서 왜소한 민족이 되었다. 메이지 유신 후 일본은 육식제한을 해제하고 소고기 돼지고기 등 육류 섭취가 늘어나고부터는 일본인의 평균 신장과 체중이 향상되었다.

☑ 체중은 어느 정도입니까?

体重は どのくらいですか。
타이쥬ー와　도노쿠라이데스까

☐ 약간 체중이 늘어났습니다.

いくらか 体重が 増えました。
이꾸라까　타이쥬ー가　후에마시따

☐ 3킬로그램 줄었습니다.

3キロ 減りました。
상 키로　헤리마시따

☐ 5킬로그램 빠졌습니다.

5キロ 痩せました。
고 키로　야세마시따

☐ 너무 살이 찐 것 같습니다.

ちょっと 太りすぎてるようです。
촛또　　후또리스기떼루 요ー데스

☐ 다이어트를 해서 날씬해지려고 해요.

ダイエットして スマートになろうと 思いますの。
다이엣또시떼 스마ー또니 나로ー또　　　오모이마스노

Part 5 일상생활의 화제 표현

Unit 3 외모에 대해 말할 때

☑ 그녀의 얼굴은 계란형입니다.

彼女の 顔は 卵型です。

가노죠노　가오와　다마고가따데스

☐ 그녀는 얼굴이 둥근형에 속합니다.

彼女は どちらかというと 丸顔です。

가노죠와　도찌라까또유-또　　마루가오데스

☐ 그녀는 매우 매력적인 여성입니다.

彼女は とても魅力的な 女性です。

가노죠와　도떼모　미료꾸떼끼나　죠세-데스

☐ 저 아가씨는 귀엽군요.

あの娘は 可愛らしいですね。

아노　무스메와　가와이라시-데스네

☐ 키가 크고 수염이 긴 저 신사는 누구입니까?

あの 背の高い ひげの長い 紳士は どなたですか。

아노　세노　타까이　히게노　나가이　신시와　　도나따데스까

☐ 당신은 어머니를 닮았습니까, 아니면 아버지를 닮았습니까?

あなたは 母親に 似ていますか、それとも父親ですか。

아나따와 하하오야니 니떼이마스까 소레또모 치찌오야데스까

☐ 여동생은 입가가 어머니를 꼭 닮았습니다.

妹は 口元が 母と そっくりです。

이모-또와 구찌모또가 하하또 속꾸리데스

144

Unit 4 몸의 특징에 대해 말할 때

일본이 남방계 황인종인데 남방계 황인종 특징이 눈이 크고 쌍꺼풀이 있으며, 코가 높고 얼굴이 갸름하다. 주로 채집생활을 많이 했고 부드러운 음식을 먹어서 광대뼈나 턱이 별로 크지 않다. 턱을 비롯한 구강구조가 덜 발달했기 때문에 덧니가 좀 많다.

☑ 아버지는 어깨가 넓고 다부집니다.

父は 肩幅が 広くて がっしりしています。

치찌와 가따하바가 히로꾸떼 갓시리시떼 이마스

☐ 그녀의 허리선은 아름답습니다.

彼女の 腰の線は 美しいです。

가노죠노 고시노 셍와 우쯔꾸시―데스

☐ 나는 허리가 날씬한 여자를 좋아합니다.

私は 腰のほっそりした 女性が 好きです。

와따시와 고시노 홋소리시따 죠세―가 스끼데스

☐ 나는 오른손잡이입니다.

私は 右利きです。

와따시와 미기키끼데스

右利き ↔ 左利(ひだりき)き
오른손잡이 ↔ 왼손잡이

☐ 그녀는 손발이 비교적 작은 편입니다.

彼女は 手足が 比較的 小さい ほうです。

가노죠와 데아시가 히까꾸떼끼 치―사이 호―데스

☐ 내 팔은 꽤 긴 편입니다.

私の腕は かなり 長い ほうです。

와따시노 우데와 가나리 나가이 호―데스

성격에 대해서

여기서는 ~はどんな人ですか (~은 어떤 사람입니까)라고 사람에 대한 질문을 상대로부터 받았을 경우에 특징을 한마디로 표현할 수 있는지 등에 관해서 다양한 표현을 익히도록 합시다. 남자답거나 여자다운 성격을 말할 때는 접미어 らしい를 접속하여 おとこらしい (남자답다), おんならしい(여자답다)라고 합니다. 또한 급한 성격을 말할 때는 短気(たんき)라고 하며, 소극적인 성격을 말할 경우에는 引っ込み思案(ひっこみじあん)이라고 합니다.

Unit 1 자신의 성격에 대해 말할 때

일본인은 상대방의 약점을 말하거나 직설적인 표현으로 상대방을 곤란하게 만들지 않는다. 남의 입장을 곤란하게 하는 것은 실례라 생각하여 자신의 생각을 직접 표현하여 입장을 드러내기보다는 예의를 지키고 배려해 주는 것을 미덕으로 여기기 때문이다. 이러한 일본인의 성격을 표현하는 말이 本音(ほんね)와 建前(たてまえ)이다.

☑ **무슨 일에 대해서도 낙천적입니다.**
何事につけても 楽天的です。
나니고또니 쓰께떼모　　라꾸뗀떼끼데스

~ につけても =
~につつても ~에 대해서도

☐ **다소 비관적인 성격입니다.**
いくぶん 悲観的な 性格です。
이꾸붕　　히깐떼끼나　　세―까꾸데스

☐ **그다지 사교적이 아닙니다.**
あまり 社交的ではありません。
아마리　　샤꼬―떼끼데와 아리마셍

☐ **자신이 외향적이라고 생각합니까?**
ご自分が 外向的だと 思いますか。
고지붕가　　가이꼬―떼끼다또 오모이마스까

일본인의 성격을 표현하는 말이 「혼네(本音)」와 「다떼마에(建前)」이다. 「혼네」란 마음속의 본심, 본심으로 하는 말을, 「다떼마에」란 혼네인 속마음을 드러내지 않고 겉으로 그냥하는 말, 즉 상대방의 감정을 손상시키지 않기 위한 그들의 친절함을 말하는 것이다.

☑ 그는 어떤 사람입니까?

彼は どんな 人ですか。

가레와 돈나 히또데스까

□ 매우 마음이 따뜻한 남자이에요.

とても 心の暖かい 男ですよ。

도떼모 고꼬로노 아따따까이 오또꼬데스요

□ 그는 유머가 있어서 함께 있으면 즐거워요.

彼は ユーモアが あって、いっしょに いると 楽しいですよ。

가레와 유-모아가 앗떼 잇쇼니 이루또 다노시-데스요

□ 동료들은 좀 유별나도 좋은 녀석들입니다.

連中は ちょっと 変わっているけど、いいやつらですよ。

렌쮸-와 촛또 가왓떼 이루께도 이- 야쯔라데스요

□ 재치가 있다고는 할 수 없지만, 무척 근면한 사람입니다.

気がきくとは 言えませんが、きわめて 勤勉な 人です。

기가 기꾸또와 이에마셍가 기와메떼 김벤나 히또데스

일본인들은 우리와 남에 대한 구별이 뚜렷하고 대하는 태도도 다르다. 자신의 생각을 잘 나타내지 않으며, 남의 생각에 대한 부정이나 부탁, 거절 등을 간접적이고 우회적인 표현을 사용한다. 상대방에게 폐를 끼치지 않는 것을 중요하게 여기고, 따라서「ありがとう 고맙다」,「すみません 미안하다」등의 인사말을 자주 사용하고 있다. 이렇게 일본인들은 속마음의 변화가 겉으로 크게 나타나지 않기 때문에 말투나 분위기를 잘 파악하는 것이 중요하다고 한다.

☑ 그의 장점은 유머 센스라고 생각합니다.

彼の 長所は ユーモアのセンスだと思います。
가레노 쵸ー쇼와　유ー모아노 센스다또　　　　　오모이마스

☐ 나는 붙임성이 있다고 생각하고 있습니다.

自分は 愛想の いい ほうだと 思っています。
지붕와　아이소ー노 이ー　호ー다또 오못떼 이마스

☐ 저는 누구하고도 협력할 수 있습니다.

私は 誰とでも協力できます。
와따시와 다레또데모 코ー료꾸 데끼마스

☐ 친구는 나를 언제나 밝다고 말해 줍니다.

友達は 私のことを いつも明るいと言ってくれます。
도모다찌와 와따시노고또오　이쯔모 아까루이또 잇떼 구레마스

☐ 우호적이고 배려하는 마음이 있다고 들을 때도 있습니다.

友好的で 思いやりが あると言われることもあります。
유ー꼬ー떼끼데 오모이야리가　아루또　이와레루 고또모 아리마스

☐ 섬세하기도 하지만 동시에 대범하기도 하다고 생각하고 있습니다.

繊細であると同時に おおらかでもあると思っています。
센사이데아루또 도ー지니 오ー라까데모아루또 오못떼 이마스

일본인들은 항상 친절하다. 상냥한 말투에 미소를 지으며 상대방을 대하는 일본인. 일본을 처음 방문한 외국인들은 일본인들의 이러한 친절함에 매혹되기도 한다. 그러던 어느 날 일본 사람들과 함께 술자리를 갖게 됐을 때, 우리나라에서 그렇듯이 서먹한 사람들과도 친한 사이가 되어 허물없이 이야기하듯이 「이제 친해졌구나」하는 생각에 자기가 느낀 감정을 일본인에게 직설적으로 이야기하기도 하지만, 자리가 파할 때까지 그들은 자신의 생각을 쉽게 말하지 않는다.

☑ **덜렁댑니다. 그게 약점임을 알고 있습니다.**

そそっかしいんです。それが 弱点だとわかっています。

소속까시인데스　　　　　　소레가　　쟈꾸뗀다또 와깟떼 이마스

☐ **저는 성격이 급한 편입니다.**

私は 気が短い ほうです。

와따시와 기가 미지까이 호―데스

☐ **그는 수다쟁이에다가 자기에 대한 말밖에 하지 않습니다.**

彼は おしゃべりで、その上 自分のことしか 話しません。

가레와 오샤베리데 소노우에 지분노 고또시까 하나시마셍

☐ **그는 사소한 것에 상당히 까다로운 사람입니다.**

彼は 細かいことに なかなか 口うるさい 人です。

가레와　고마까이 고또니　　나까나까　　구찌우루사이　　히또데스

☐ **그녀는 좀 마음이 좁고 완고한 것이 결점입니다.**

彼女は ちょっと 心が狭くて 頑固な ところが 欠点です。

가노죠와 촛또 고꼬로가 세마꾸떼 강꼬나 도꼬로가 겟뗀데스

☐ **사람에 따라서는 나를 우유부단하다고 생각하는 것 같습니다.**

人によっては 私のことを 優柔不断だと 思うようです。

히또니 욧떼와　　와따시노 고또오 유―쥬―후단다또 오모우 요―데스

Chapter 06 우정과 연애에 대해서

이성을 보고 한눈에 반할 때는 一目惚(ひとめぼ)れる, 연애중일 때는 恋愛中(れんあいちゅう), 헤어질 때는 別(わか)れる, 이성에게 차였을 때는 ふられる라는 표현을 씁니다. 또한 상대에게 이성의 친구가 있느냐고 물을 때는 異性の友だちはいますか라고 하며, 데이트에 관해서 물을 때는 デートはどうでしたか, 이성과 헤어지고 싶을 때는 상대에게 もう会わないほうがいいね라고 하면 됩니다.

Unit 1 지인·친구와의 교제

일본인은 친근한 정도에 관계없이 알게 된 상대에게는 놀러오라고, 묵으러 오라고 한다. 그렇지만 특히 비즈니스나 초면에 만난 사람 등 앞으로 또 오래 사귈 가능성이 없는 사람에 대해서는 그 말은 단순한 인사말, 즉「다테마에·立前(たてまえ)」로 하는 경우가 대부분이다. 상대의 방문을 기대하지 않고도, 적어도 지금 만나는 동안은 좋은 관계를 쌓아서 상대에게 좋은 인상을 주고 싶은, 그런 기분을「다테마에」로 표현하는 것이다.

☑ **우리들은 사이가 좋습니다.**

私たちは 仲よしです。

와따시따찌와 나까요시데스

☐ **그녀는 그저 친구예요.**

彼女は ほんの 友達ですよ。

가노죠와 혼노 도모다찌데스요

☐ **아키코 양은 언제부터 아는 사이였습니까?**

明子さんは いつからの 知り合いですか。

아끼꼬상와 이쯔까라노 시리아이데스까

☐ **이 회사에서 가장 친한 사람은 누구입니까?**

この会社で いちばん 親しい人は 誰ですか。

고노 카이샤데 이찌반 시따시ー 히또와 다레데스까

Unit 2 이성과의 데이트·교제

일본인은 연애관 「恋愛観(れんあいかん)」은 사람마다 차이는 있겠지만 굉장히 자유분방한 편이다. 여기서는 일본인 이성과 교제를 할 때 쓰이는 표현을 익히도록 하였다.

☑ 이성 친구는 있습니까?

異性の 友達は いますか。

이세—노　도모다찌와 이마스까

☐ 기무라 씨는 남자 친구가 있습니까?

木村さんは ボーイフレンドが いますか。

기무라상와　　보—이후렌도가　　　　이마스까

☐ 특별히 교제하고 있는 여자는 없습니다.

特別に 交際している 女性は おりません。

토꾸베쯔니 코—사이시떼이루　죠세—와　오리마셍

☐ 여동생과 만날 수 있도록 주선해 주지 않겠나?

妹さんと デートできるように 計らってくれないかな。

이모—또상또 데—또 데끼루요—니　　하까랏떼 구레나이까나

☐ 이번 월요일에 그녀와 데이트합니다.

今度の 月曜日に 彼女と デートします。

곤도노　게쯔요—비니　가노죠또　데—또시마스

☐ 데이트 비용은 전부 남자가 내야 한다고 생각합니까?

デートの 費用は 全部 男が もつべきだと思いますか。

데—또노　히요—와　젬부　오또꼬가 모쯔베끼다또 오모이마스까

Part 5 일상생활의 화제 표현

일본어에는 「사랑」이라는 말을 愛(あい)와 恋(こい)로 말한다. 愛는 넓은 의미의 사랑을 말하고, 恋는 남녀간의 사랑을 말한다. 또한 「애인」을 恋人(こいびと)와 愛人(あいじん)이라고 한다. 愛人은 불륜의 관계를 말하므로 우리말로 직역하여 愛人이라고 하지 않도록 주의하자.

☑️ **첫사랑은 12살 때였습니다.**

初恋は 12歳の 時でした。

하쯔코이와 쥬-니사이노 도끼데시따

☐ **그녀와 연애중입니다.**

彼女と 恋愛中です。

가노죠또 렝아이쮸-데스

☐ **기무라는 내 여동생에게 첫눈에 반해 버렸습니다.**

木村は 僕のいもうとに 一目ぼれしてしまいました。

기무라와 보꾸노 이모-또니 히또메보레시떼 시마이마시따

☐ **요코에게 프로포즈를 했는데 거절당했어.**

洋子に プロポーズしたのに、ふられちゃった。

요-꼬니 푸로뽀-즈시따노니 후라레짯따

☐ **어울리는 커플이야.**

お似合いの カップルだ。

오니아이노 캅뿌루다

☐ **그 사람과는 인연을 끊었어요.**

あの人とは 縁を 切りましたわ。

아노 히또또와 엥오 기리마시따와

152

Chapter 07 결혼과 이혼에 대해서

우리는 아는 사람을 만났을 때 일상적으로 쓰는 말이 「안녕하세요?」이지만, 일본어에서는 영어에서처럼 아침(おはようございます), 낮(こんにちは), 저녁(こんばんは) 인사를 구분하여 쓰고 있습니다. 친한 사이라면 아침에 만났을 때 おはよう라고만 해도 무방하며, 더욱 줄여서 オッス라고도 합니다. 근황을 물을 때는 お元気ですか라고 하며, 이에 대한 응답으로는 おかげさまで元気です라고 합니다.

Unit 1 결혼 상대의 타입에 대해 말할 때

일본인의 결혼은 크게 연애결혼과 중매결혼으로 나눌 수 있다. 중매결혼은 일본의 독특한 관습인데 사회적으로 신용 있는 인물이 결혼적령기를 맞이한 남녀를 맺어주는 것이다. 상대의 사진, 경력, 가정환경에 관한 정보를 교환하고 쌍방이 마음에 들면 만남의 자리를 마련, 서로를 소개한다.

☑ 키가 크고 핸섬하고, 게다가 농담을 할 줄 아는 사람이 좋아.
背が 高くて ハンサムで、それに 冗談が わかる
人が いいわ。
세가 다까꾸떼 한사무데 소레니 죠-당가 와까루 히또가 이-와

☐ 스포츠를 좋아하고 나를 지켜 줄 것 같은 사람이 좋아.
スポーツ好きで 私を 守ってくれるような 人が いいわ。
스뽀-쯔즈끼데 와따시오 마못떼 구레루 요-나 히또가 이-와

☐ 유머가 있는 사람을 좋아해.
ユーモアのある 人が 好きなの。
유-모아노 아루 히또가 스끼나노

☐ 포용력이 있고 융통성이 있는 사람을 좋아해요.
包容力があって 融通のきく 人が 好きですわ。
호-요-료꾸가 앗떼 유-즈-노 기꾸 히또가 스끼데스와.

☑ 로맨틱하고 야심적인 남자를 좋아합니다.
ロマンチックで 野心的な 男性が 好きです。
로만칙꾸데　　　　야신떼끼나　　단세ー가　스끼데스

□ 지적이고 온화한 사람과 있으면 가장 편해.
知的で 穏やかな 人といるといちばん ほっとするの。
치떼끼데　오다야까나　히또또 이루또　이찌방　　홋또스루노

□ 어떤 사람과 결혼하고 싶습니까?
どんな 人と 結婚したいですか。
돈나　　　히또또 겟꼰시따이데스까

□ 직장이 안정된 사람과 결혼하고 싶어.
仕事が 安定している 人と 結婚したいわ。
시고또가　안떼ー시떼이루　　히또또 겟꼰시따이와

□ 눈이 크고 머리카락이 긴 여자를 좋아합니다.
目が 大きくて 髪の長い 女性が 好きです。
메가　오ー끼꾸떼　가미노 나가이 죠세ー가　　스끼데스

□ 가정적인 사람과 결혼하고 싶습니다.
家庭的な 人と 結婚したいと 思います。
가떼ー테끼나　히또또 겟꼰시따이또 오모이마스

우리도 마찬가지이지만 일본에서도 성인이 되면 부모에게 독립하여 혼자 사는 사람이 많다. 또한 결혼할 나이가 지났어도 독신생활을 고집하는 사람이 많아 사회문제로 대두되고 있다.

☑ **결혼했습니까, 독신입니까?**

結婚してますか、獨身ですか。

겟꼰시떼 마스까　　　　도꾸신데스까

☐ **누나는 결혼했습니까?**

お姉さんは 結婚してるんですか。

오네―상와　　　　겟꼰시떼룬데스까

☐ **여동생은 지난 토요일에 결혼했습니다.**

妹は この前の 土曜日に 結婚しました。

이모―또와 고노 마에노 도요―비니　　겟꼰시마시따

☐ **언제 그와 결혼하니?**

いつ 彼と 結婚するの?

이쯔　가레또 겟꼰스루노

☐ **몇 살에 결혼하고 싶습니까?**

いくつで 結婚したいと思いますか。

이꾸쯔데　겟꼰시따이또　오모이마스까

☐ **멋진 사람을 찾아서 마음이 내키면 결혼하겠습니다.**

すてきな 人を 見つけて その気になったら 結婚します。

스떼끼나 히또오 미쯔께떼 소노 기니 낫따라 겟꼰시마스

☐ **결혼 축하해. 그런데 상대는 누구야?**

ご結婚 おめでとう。で、お相手は?

고겟꽁　오메데또―　　데　오아이떼와

Unit 3 결혼식과 결혼생활에 대해 말할 때

일본에서의 결혼식은 근대 이후, 천황가의 의식을 모방하여 신도(神道-일본민족의 전통적인 신앙)의 신들에게 두 사람의 결혼을 보고하는 신전 결혼식이 주류를 이루었지만, 최근에는 기독교식으로 올리는 사람이 많아졌다. 그러나 신앙심과의 관계는 적고, 예식을 거행할 때의 패션과 분위기로 선택하는 경우가 많으며, 최근에는 종교색을 배제한 채 하객 앞에서 결혼을 맹세하는 「人前式」이 인기가 있다.

☑ **중매결혼은 중매쟁이가 주선합니다.**

見合い結婚は 仲人さんが 整えます。

미아이겟꽁와　나꼬-도상가　도또노에마스

☐ **당신은 중매로 결혼할 생각입니까?**

あなたは お見合いで 結婚する つもりですか。

아나따와　오미아이데　겟꽁스루　쓰모리데스까

☐ **신식 결혼식을 합니까?**

神式の結婚式を やりますか。

신시끼노　겟꽁시끼오　야리마스까

☐ **피로연은 호텔에서 합니까?**

披露宴は ホテルで やりますか。

히로-엥와　호떼루데　야리마스까

☐ **신혼여행은 괌으로 갑니다.**

新婚旅行は グアムへ 行きます。

싱꼰료꼬-와　구아무에　이끼마스

☐ **남편 가족과 함께 삽니다.**

夫の家族と 同居します。

옷또노 가조꾸또　도-꾜-시마스

Unit **4** 출산에 대해 말할 때

일본에서는 출산율이 낮아 국가에서 출산보조금을 지급할 정도로 출산을 적극적으로 장려하고 있다. 상대의 자녀를 물을 때는 「お子さん」이라고 하며, 자신의 아이를 말할 때는 「子(こ)」 또는 「子供(こども)」라고 표현한다.

☑ **곧 아내가 아이를 낳습니다.**

妻に 近く 子供が 生まれます。

쓰마니 치까꾸 고도모가 우마레마스

☐ **예정일은 언제입니까?**

予定日は いつですか。

요떼-비와 이쯔데스까

☐ **그녀는 임신 3개월입니다.**

彼女は 妊娠 3ヶ月です。

가노죠와 닌싱 상까게쯔데스

> 妊娠する = 子供(こども)を
> 持(も)つ 아이를 갖다

☐ **축하할 일이 생겼다면서요?**

おめでただそうですね。

오메데따다 소-데스네

☐ **자녀는 몇 명 갖고 싶으세요?**

お子さんは 何人 ほしいですか。

오꼬상와 난닝 호시-데스까

☐ **그녀는 화요일에 여자아이를 낳았습니다.**

彼女は 火曜日に 女の子を 生みました。

가노죠와 카요-비니 온나노꼬오 우미마시다

☑ **우리들은 자주 싸워.**

<ruby>私<rt>わたし</rt></ruby>たちは よく けんかする。

와따시다찌와 요꾸 겡까스루

☐ **이제 아내를 사랑하지 않아.**

もう <ruby>妻<rt>つま</rt></ruby>を <ruby>愛<rt>あい</rt></ruby>していないんだ。

모ー 쓰마오 아이시떼 이나인다

☐ **넌 변했어.**

<ruby>君<rt>きみ</rt></ruby>は <ruby>変<rt>か</rt></ruby>わったよ。

기미와 가왓따요

☐ **너와 함께 있어도 재미없어.**

あなたと いてもつまらないの。

아나따또   이떼모 쓰마라나이노

☐ **이혼하자.**

<ruby>離婚<rt>り こん</rt></ruby>しよう。

리꽁시요ー

☐ **헤어진다는 것은 괴로운 일이야.**

<ruby>別<rt>わか</rt></ruby>れるって ことは つらいことだ。

와까레룻떼   고또와   쓰라이 고또다

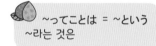

~ってことは = ~という
~라는 것은

158

Chapter 08 취미와 오락에 대해서

상대와의 대화를 자연스럽게 풀어나가기 위해서는 자신이나 상대
가 좋아하는 것과 흥미를 가지고 있는 것에 대한 화제를 삼으면 됩
니다. 좋아하는 오락 등에 대해서 이야기하다 보면 짧은 시간에 허
물없는 사이가 되어 있을 것입니다. 취미와 오락만큼 다양한 소재를
가지고 있는 화제도 많지 않으므로 ご趣味は 何ですか로 시작해서
여러 상황에 응용할 수 있도록 여기에 언급된 표현을 잘 익혀두길
바랍니다.

Unit 1 취미에 대해 말할 때

서로가 좋아하는 것과 관심을 가지고 있는 것에 대해 주고받으면 훨씬 대화가 부드럽게
진행된다. 상대에게 취미를 물어볼 때는 보통「ご趣味は 何ですか(취미는 뭡니까?)」라
고 말하며, 무슨 일에 흥미가 있는지를 물을 때는「何に 興味を お持ちですか」라고 한다.

☑ 취미는 무엇입니까?
ご趣味は 何ですか。
고슈미와　　　난데스까

☐ 일 이외에 무슨 특별한 흥미가 있습니까?
仕事以外に 何か 特に 興味のあることは ありますか。
시고또 이가이니 나니까 도꾸니 쿄―미노아루 고또와 아리마스까

☐ 취미 중에 하나는 기념우표를 모으는 것입니다.
趣味の 1つは 記念切手を 集める ことです。
슈미노　　히또쯔와 기넹깃떼오　　아쯔메루　고또데스

☐ 골동품 수집에 흥미가 있습니다.
骨董品集めに 興味が あります。
곳또―힝 아쯔메니　　쿄―미가　　아리마스

대부분 사람들은 한가할 때 자신이 좋아하는 일이나 평소에 관심을 가지고 있는 일을 하게 마련이다. 「暇(ひま)」는 시간이 있는 한가로운 상태를 말한다.

☑ 기분전환으로 어떤 것을 하십니까?

気晴らしに どんな ことを なさいますか。
きば

기바라시니　　돈나　　고또오　　나사이마스까

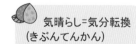
気晴らし=気分転換
(きぶんてんかん)

☐ 일이 끝난 후에 어떻게 즐기십니까?

仕事の後は どうやって 楽しんでますか。
しごと　あと　　　　　　　たの

시고또노　아또와　도-얏떼　　　다노신데 마스까

☐ 한가한 때는 무엇을 하십니까?

お暇な 時は 何を なさいますか。
ひま　とき　なに

오히마나　도끼와　나니오 나사이마스까

☐ 자주 근처를 산책하고 있습니다.

よく 近所を 散歩してます。
きんじょ　さんぽ

요꾸　기죠오　　삼뽀시떼마스

우리는 온라인게임을 즐기는 편이지만, 일본인은 비디오게임을 선호하는 편이다. 또한 일반 성인들은 국민적 오락으로 자리 잡은 파친코(パチンコ)를 즐긴다.

☑ **어떤 게임을 하고 싶으세요?**

どんな ゲームを したいんですか。
돈나　　　게ー무오　　　시따인데스까

☐ **포커 치는 법을 가르쳐 줄래요?**

ポーカーのやり方を 教えてくれますか。
포ー까ー노 야리카따오　　　　오시에떼 구레마스까

☐ **가위바위보로 차례를 정합시다.**

ジャンケンで 順番を 決めましょう。
쟝껜데　　　　줌방오　　　기메마쇼ー

☐ **텔레비전 게임에 빠져 있습니다.**

テレビ.ゲームに 夢中になっています。
테레비ー 게ー무니　　　무쮸ー니 낫떼 이마스

☐ **파친코를 해 보았습니까?**

パチンコを やってみましたか。
파찡꼬오　　　얏떼 미마시따까

☐ **장기를 두어 보았더니, 재미있어서 그만둘 수 없어요.**

将棋を やってみたら、面白くて やめられませんよ。
쇼ー기오　　얏떼미따라　　　　오모시로꾸떼　야메라레마셍요

Chapter 09 여가생활에 대해서

한가할 때 무엇을 하는지를 물을 때는 お暇なときは何をなさいますか라고 하면 상대는 テレビだけ見ます(텔레비전만 봅니다)라든가 本を読みます(책을 읽습니다)라고 대답할 것입니다. 어떤 음악을 좋아하는지를 알고 싶을 때는 どんな音楽が好きですか, 좋아하는 화가를 물어볼 때는 好きな画家は誰ですか, 어떤 책을 좋아하느냐고 물을 때는 どんな本が好きですか라고 합니다.

Unit 1 텔레비전에 대해 말할 때

일본의 메이저 지상파 방송을 보면 NHK 종합TV(정확한 뉴스의 전달), NHK 교육TV (교육방송), 니혼TV(야구해설에 정평), TBS(시사, 버라이어티, 토크쇼에 강하고 마이니치신문 계열사), 후지TV(연예, 오락, 코미디 등 흥미 위주의 프로그램), TV아사히(신랄한 풍자와 화제 중심의 정치뉴스), 도쿄방송(테레비 도쿄: 주식과 경제동향에 강함) 등이 있다.

☑ 텔레비전은 자주 봅니까?

テレビは よく 見ますか。
테레비와 　요꾸　미마스까

☐ 이 연속극은 젊은 여성에게 인기가 있습니다.

この 連属ドラマは 若い女性に 人気があるんで
すよ。
고노 렌조꾸도라마와 와까이 죠세ー니 닝끼가 아룬데스요

☐ 버라이어티 쇼는 그다지 보지 않습니다.

バラエティ・ショーは あまり 見ません。
바라에띠 쇼ー와 　　　　아마리　미마셍

Unit **2** 독서에 대해 말할 때

일본에는 전철에서 책을 읽는 사람들이 많으며 일본 국민의 독서 열기는 대단하다는 이야기를 매스컴을 통해 자주 들을 수 있다. 일본 사람들이 만화를 많이 읽는 것은 사실이지만 만화를 많이 읽는다고 책을 안 읽는 것은 결코 아니다. 전철을 타면 많은 사람들이 독서에 열중하고 있다.

☑ **책을 많이 읽습니까?**

本を たくさん 読みますか。
홍오　　닥상　　　요미마스까

☐ **바빠서 차분히 독서할 시간이 없습니다.**

忙しくて、ゆっくり 読書する 時間が ありません。
이소가시꾸떼 육꾸리　　도꾸쇼스루　　지깡가　　아리마셍

☐ **어떤 책을 늘 읽습니까?**

いつもどんな 本を 読みますか。
이쯔모 돈나　　　홍오　요미마스까

☐ **어떤 책을 고르십니까?**

どんな本の 選び方を なさってますか。
돈나 혼노　　　에라비카따오 나삿떼마스까

☐ **좋아하는 작가는 누구입니까?**

好きな 作家は だれですか。
스끼나　　삭까와　　다레데스까

☐ **현재의 베스트셀러는 무엇입니까?**

現在の ベストセラーは 何ですか。
겐자이노　　베스또세라ー와　　　난데스까

Part 5 일상생활의 화제 표현

163

Unit 3 신문과 잡지에 대해 말할 때

일본의 신문은 크게 종합일간지 3개와 경제지 2개가 전국지로 나오고 있다. 読売新聞 (よみうりしんぶん), 朝日新聞(あさひしんぶん), 毎日新聞(まいにちしんぶん), 日本経済新聞(にほんけいざいしんぶん), 産経新聞(さんけいしんぶん)이 있다. 발행부수는 요미우리신문이 1015만부, 아사히신문이 830만부, 마이니치신문이 390만부, 니혼게이자이신문이 310만부, 산케이신문이 150만부 순이다.

☑ 신문은 무엇을 구독하고 있습니까?

新聞は 何を とってますか。
しんぶん　　なに

심붕와　　나니오 돗떼마스까

□ 광고와 만화를 대충 보고 나서 사설을 읽습니다.

広告と漫画に 目を通してから 社説を 読みます。
こうこく まんが　　め　とお　　　　しゃせつ　よ

고一꼬꾸또 망가니　　메오 도一시떼까라　　샤세쯔오　요미마스

□ 어떤 잡지를 좋아합니까?

どんな 雑誌が 好きですか。
ざっし　　す

돈나　　잣시가　　스끼데스까

□ 저에게 재미있는 잡지를 소개해 주지 않을래요?

私に おもしろい 雑誌を 紹介してくれませんか。
わたし　　　　　　ざっし　　しょうかい

와따시니 오모시로이　　잣시오　　쇼一까이시떼 구레마셍까

164

Unit 4 영화와 연극에 대해 말할 때

일본은 섬나라라서 토속적인 이야기가 많다. 그래서 영화화할 수 있는 콘텐츠가 다양하다(사무라이, 귀신이야기 등). 같은 공포영화를 비교해도 우리나라는 전설의 고향류 공포 일색이지만(한 맺힌 귀신이야기) 일본영화는 저주받은 비디오 이야기(링)에 저주받은 집 (주온), 그리고 기니피그 같은 마니아 취향의 고어물, 심지어 좀비스플래터 영화까지 만든다.

☑ 영화는 자주 보러 갑니까?

映画には よく 行きますか。
えい が　　　　　　い

에-가니와　　요꾸　이끼마스까

☐ 어떤 영화를 좋아하십니까?

どんな 映画が お好きですか。
えい が　　　す

돈나　　　에-가가　　오스끼데스까

~ が好きだ
~을(를) 좋아하다

☐ 그 영화는 어땠습니까?

その 映画は どうでした?
えい が

소노　　에-가와　　도-데시따

☐ 좋아하는 남자 배우, 여자 배우는 누구입니까?

好きな 男優、女優は 誰ですか。
す　　　だん ゆう　じょ ゆう　　だれ

스끼나　　단유-　　죠유-와　　다레데스까

俳優(はいゆう) 배우

☐ 주말에 극장에 가지 않을래요?

週末に 映画館へ 行きませんか。
しゅうまつ　　えい が かん　　い

슈-마쯔니　에-가깡에　　이끼마셍까

☐ 무슨 좋은 연극을 합니까?

何か いい芝居を やっていますか。
なに　　　　しば い

나니까　이-시바이오　　얏떼 이마스까

Chapter 10 건강에 대해서

상대의 건강을 물을 때는 気分はどうですか라고 합니다. 또, 어딘가 건강이 안 좋아 보일 때는 どうしましたか?로 질문을 하면, 이에 대한 응답으로 괜찮을 때는 大丈夫です, ご心配なく, 좋지 않을 때는 体調がひどく悪いんです라고 하면 됩니다. 상대가 아팠을 때 위로하는 표현으로는 早くよくなるといいですね나 どうぞお大事に 등이 있습니다. 여기서는 건강에 대한 표현과 몸이 안 좋을 때의 표현에 자신감을 갖도록 하였습니다.

Unit 1 건강에 대해 물을 때

건강은 무엇으로도 바꿀 수 없는 아주 소중한 것이다. 평소에 자신의 건강관리에 힘쓰도록 하자. 상대의 건강이 안 좋아 보일 때는 ご気分(きぶん)でも 悪(わる)いんですか(어디 편찮으세요?)라고 물어보자.

☑ **기운이 없어 보이네요.**

元気が ないようですね。
げん き
겡끼가　　　　나이요-데스네

> ようですね는 활용어에 접속하여 「~한 것 같군요」의 뜻으로 양태를 나타낸다. 명사에 접속할 때는 ~ のようですね의 형태를 취한다.

☐ **어디 편찮으세요?**

ご気分でも 悪いんですか。
き ぶん　　　わる
고키분데모　　　와루인데스까

☐ **좀 안색이 안 좋은 것 같군요.**

ちょっと 顔色が すぐれないようですね。
かおいろ
촛또　　　가오이로가　스구레나이 요-데스네

☐ **어디 안 좋으세요?**

どこが 悪いんですか。
わる
도꼬가　　　와루인데스까

Unit 2 건강에 대해 대답할 때

상대가 자신의 건강에 대해서 신경을 써 주면 그만큼 자신에 관심이 있다는 것을 나타내므로 무척 고마운 일이 아닐 수 없다. 이럴 때는 먼저 감사를 표시하고 자신의 건강상태를 말하자.

☑ 오늘은 조금 좋아졌습니까?

今日は 少し 良くなりましたか。
쿄-와　　　스꼬시 요꾸 나리마시따까

☐ 완전히 나았습니까?

完全に 治りましたか。
칸젠니　　　나오리마시다까

> 病気(びょうき)が治る 병이 낫다,
> 病気を治(なお)す 병을 고치다

☐ 아무데도 이상이 없습니다.

どこも おかしく ありません。
도꼬모　　오까시꾸　　아리마셍

☐ 괜찮습니다. 걱정 마세요.

大丈夫です。ご心配なく。
다이죠-부데스　　　고심빠이나꾸

☐ 컨디션은 좋습니다.

体調は いいです。
타이쪼-와　이-데스

☐ 어제는 심했는데, 오늘은 꽤 좋아졌습니다.

きのうは ひどかったんですが、今日は だいぶ 良くなりました。
기노-와 히도깟딴데스가 쿄-와 다이부 요꾸 나리마시따

Part 5
일상생활의 화제 표현

여기서는 상대의 건강상태가 좋지 않거나 아플 때 따뜻하게 위로하는 표현을 익히도록
하였다. どうぞ お大事(だいじ)には 관용적인 위로의 표현이므로 잘 익혀두자.

☑ 몸이 좋지 않아서 힘들겠군요.
具合が 悪くて 大変ですね。
구아이가　와루꾸떼 다이헨데스네

具合 건강의 상태, 몸의 상태

☐ 빨리 나으면 좋겠군요.
早く 良くなると いいですね。
하야꾸　요꾸나루또　　이-데스네

☐ 몸조리 잘 하세요.
どうぞ お大事に。
도-조　　오다이지니

☐ 좀 쉬는 게 어때요?
少し 休んだら どうです?
스꼬시 야슨다라　　도-데스

横になる 눕다

☐ 잠시 누워 있는 게 좋겠어요.
しばらく 横になった ほうが いいですよ。
시바라꾸　요꼬니낫따　　　호-가　　이-데스요

☐ 하루 일을 쉬면 좋겠어요.
1日仕事を 休むと いいですよ。
이찌니찌 시고또오 야스무또 이-데스요

Unit 4 운동에 대해 말할 때

건강을 유지하기 위해서는 규칙적인 운동만큼 좋은 것은 없다. 바쁜 일상이지만 평소에 틈나는 대로 운동하는 습관을 기르도록 하자.

☑ **운동은 늘 합니까?**

いつも 運動していますか。
이쯔모　　운도-시떼 이마스까

□ **운동을 무척 좋아합니다.**

運動する ことが 大好きです。
운도-스루　　고또가　　다이스끼데스

□ **매일 아침 조깅을 하고 있습니다.**

毎朝、ジョギングしています。
마이아사　조깅구시떼 이마스

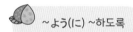

~よう(に) ~하도록

□ **매일 조금씩이라도 운동하려고 마음을 먹고 있습니다.**

毎日 少しでも 運動するよう 心掛けています。
마이니찌 스꼬시데모　운도-스루요-　　고꼬로가께떼 이마스

□ **일찍 자고 일찍 일어나는 것이 건강의 비결입니다.**

早寝早起きは 健康の元です。
하야네 하야오끼와　　겡꼬-노 모또데스

Part 5 일상생활의 화제 표현

Chapter 11

스포츠에 대해서

여가와 스포츠에 관한 화제는 상대와의 공통점을 발견할 수 있는 좋은 기회로 쉽게 친해질 수 있는 계기가 된다. 한가할 때 무엇을 하는지를 물을 때는 お暇なときは何をなさいますか, 어떤 스포츠를 하느냐고 물을 때는 どんなスポーツをやっていますか, 어떤 스포츠를 좋아하느냐고 물을 때는 どんなスポーツがお好きですか, 스포츠 관전을 권유할 때는 今度の週末に東京ドームへ行きませんか라고 하면 된다.

Unit 1 스포츠에 대해 말할 때

야구「野球(やきゅう)」는 일본인이 가장 좋아하는 스포츠로 전국 고교 야구 대회인 고시엔은 전국적인 관심을 받고 있다. 축구(사커)는 90년대 들어 프로화되고 월드컵을 치르면서 야구에 버금가는 인기 스포츠가 되었다. 스모「相撲(すもう)」는 가장 인기 있는 스포츠지만 최근엔 쇠퇴 기미를 보인다. K1은 이종격투기로 그 열기가 정말 대단하다.

☑ 무슨 스포츠를 하십니까?

何か スポーツを おやりですか。
나니까 스뽀―쓰오   오야리데스까

☐ 골프와 야구를 합니다.

ゴルフと 野球を やります。
고루후또   야뀨―오   야리마스

バレーボール 배구,
バスケットボール 농구

☐ 여름에는 수영하러, 겨울에는 스키나 스케이트를 타러 갑니다.

夏は 水泳に、冬は スキーや スケートに 行きます。
나쯔와 스이에―니 후유와 스끼―야   스께―또니   이끼마스

☐ 어렸을 때부터 등산을 좋아했습니다.

子供のころから 登山が 好きでした。
고도모노 고로까라   도장가   스끼데시따

甲子園에서 매년 두 번 열리는 전국 고교야구 선수권 대회는 프로야구 못지않은 인기를 자랑하는 대회로 NHK를 통해 전경기가 실황 중계됨은 물론이고, 스포츠 뉴스에서도 어김없이 헤드라인을 장식한다. 또 12월에 시작하여 1월 중순에 폐막하는 전국 고교축구 선수권대회의 경우, 설연휴의 가족 이벤트로까지 정착되어 있을 정도다.

☑ **스포츠는 직접 하는 것보다 보는 것에 흥미가 있습니다.**

スポーツは 自分で やるより 観るほうに 興味が あります。

<small>스뽀ー쓰와 지분데 야루요리 미루 호ー니 쿄ー미가 아리마스</small>

☐ **밤에는 항상 텔레비전으로 야간경기를 보고 있습니다.**

夜は いつも テレビで ナイターを 見ています。

<small>요루와 이쯔모　테레비데　나이따ー오　미떼 이마스</small>

☐ **복싱 시합을 보는 것은 좋아합니까?**

ボクシングの試合を 観るのは 好きですか。

<small>보꾸싱구노 시아이오　　　미루노와　　스끼데스까</small>

☐ **이번 주말에 도쿄돔에 가지 않을래요?**

今度の 週末に 東京ドームへ 行きませんか。

<small>곤도노　슈ー마쯔니 도ー꾜ー도ー무에　이끼마셍까</small>

☐ **어디와 어디 시합입니까?**

どこと どこの 試合ですか。

<small>도꼬또　도꼬노　시아이데스까</small>

☐ **스모를 보신 적이 있습니까?**

相撲を ご覧になった ことが ありますか。

<small>스모ー오　고란니낫따　고또가　아리마스까</small>

일본의 프로 선수는 일반인들의 동경의 대상이 됨은 물론이며, 상당한 인기를 자랑한다.

☑ 야구는 가장 활발한 스포츠 중 하나입니다.

野球は 最も 盛んな スポーツの 1つです。

야뀨-와　 못또모 사깐나　 스뽀-쓰노　 히또쯔데스

☐ 요즘에는 축구에 흥미가 있습니다.

最近は サッカーに 興味が あります。

사이낑와　 삭까-니　 쿄-미가　 아리마스

☐ 스키 같은 겨울 스포츠를 좋아합니다.

スキーのような 冬のスポーツが 好きです。

스끼-노 요-나　 후유노 스뽀-쓰가　 스끼데스

☐ 2002년 월드컵으로 축구를 좋아하게 되었습니다.

2002年ワールドカップで サッカーが 好きになりました。

니셴니넹 와-루도캅뿌데 삭까-가 스끼니나리마시따

☐ 여름에는 다이빙, 요트 등을 하러 갑니다.

夏には ダイビング、ヨットなどに 出かけます。

나쯔니와　 다이빙구　 욧또 나도니　 데까께마스

172

Chapter 12

날씨와 계절에 대해서

우리는 아는 사람을 만났을 때 일상적으로 쓰는 말이 「안녕하세요?」이지만, 일본어에서는 영어에서처럼 아침(おはようございます), 낮(こんにちは), 저녁(こんばんは) 인사를 구분하여 쓰고 있습니다. 친한 사이라면 아침에 만났을 때 おはよう라고만 해도 무방하며, 더욱 줄여서 オッス라고도 합니다. 근황을 물을 때는 お元気ですか라고 하며, 이에 대한 응답으로는 おかげさまで元気です라고 합니다.

Unit 1 날씨에 대한 인사말

일본은 국토가 남북으로 길어서 남과 북은 기후가 서로 다르므로 지방에 따라서 기후에 관한 인사 표현은 천차만별이다. 평상시에 이웃들과 나누는 기본적인 인사인 「おはようございます, こんにちは, こんばんは」만으로 질리면 날씨에 관한 인사를 다양하게 알아두어 멋진 일본어를 구사하도록 하자.

☑ **날씨가 좋군요.**

いい 天気^{てん き}ですね。

이- 텡끼데스네

 우리는 「날씨가 좋다」라고 표현하지만, 일본어에서는 「いい 天気だ」로 표현한다.

☐ **이런 날씨가 계속되면 좋겠군요.**

こんな 天気^{てん き}が 続^{つづ}くと いいですね。

곤나 텡끼가 쓰즈꾸또 이-데스네

☐ **별로 날씨가 좋지 않군요.**

あまり 天気^{てん き}が 良^よくないですね。

아마리 텡끼가 요꾸나이데스네

☐ **또 비가 올 것 같군요.**

また 雨^{あめ}になりそうですね。

마따 아메니 나리소-데스네

 雨になりそうだ = 雨が降りそうだ 비가 올 것 같다

173

Unit **2** 날씨를 묻는 표현과 일기예보

날씨를 물어봤을 때의 응답 표현은 대부분 정보의 인용처를 밝혀 「〜に よると 〜そうだ (〜에 의하면 〜라고 한다)」의 문형을 이용한다.

☑ 오늘은 날씨가 어떻습니까?

今日は どんな 天気ですか。
쿄―와　　　돈나　　　텡끼데스까

☐ 오늘 일기예보는?

今日の 天気予報は?
쿄―노　　　텡끼요호―와

☐ 일기예보에 의하면 내일은 비가 온답니다.

天気予報によると 明日は 雨だそうです。
텡끼요호―니 요루또　　　아스와　　　아메다 소―데스

> ~そうで는 전문을 나타내는 조동사로 우리말의 「~라고 한다」의 뜻이다.

☐ 오늘 일기예보로는 오전 중에는 흐리고, 오후에는 비가 내립니다.

今日の 天気予報では、午前中は 曇り、午後は 雨です。
쿄―노 텡끼요호―데와 고젠쮸―와 구모리 고고와 아메데스

Unit 3 맑고 흐린 날씨에 대해 말할 때

비가 올 것 같을 때는「はっきりしない お天気ですね(날씨가 우중충하군요)」라고 하며,
또 비가 올 때는「あいにくの お天気ですね(운 나쁘게도 비가 오는군요)」라고 한다.

☑ 날씨가 개었어요.

晴れてきましたよ。

하레떼 기마시따요

☐ 요즘 날씨가 계속해서 좋군요.

このところ すばらしい 天気が 続いてますね。

고노도꼬로　　　스바라시-　　　텡끼가　　　쓰즈이떼마스네

☐ 점점 흐려지네요.

だんだん 曇ってきましたよ。

단당　　　　　구못떼 기마시따요

☐ 당장이라도 비가 내릴 것 같군요.

今にも 雨が 降りそうですね。

이마니모　　아메가 후리소-데스네

Part 5 일상생활의 화제 표현

☑ 밖에는 바람이 세차겠죠?

外は 風が 強いでしょう?

소또와 가제가 쓰요이데쇼ー

☐ 바람이 심하게 불고 있군요.

風が ひどく 吹いていますね。

가제가 히도꾸 후이떼 이마스네

☐ 바람이 완전히 멎었습니다.

風が すっかり おさまりました。

가제가 슥까리 오사마리마시따

☐ 정말 기분이 좋은 바람이죠.

なんて 気持ちのいい 風でしょう。

난떼 기모찌노 이ー 가제데쇼ー

☑ (비가) 심하게 내리는군요.

ひどい 降りですねえ。

히도이   후리데스네—

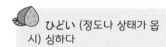

ひどい (정도나 상태가 몹시) 심하다

☐ 억수같이 쏟아지는군요.

どしゃ降りになりますね。

도샤부리니 나리마스네

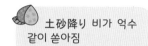

土砂降り 비가 억수같이 쏟아짐

☐ 그저 지나가는 비예요.

たんなる 通り雨ですよ。

단나루   도—리아메데스요

☐ 만약을 위해 우산을 가지고 가는 게 좋겠어요.

念のため 傘は 持って行く ほうが いいですよ。

넨노따메   가사와 못떼이꾸   호—가 이—데스요

☐ 이제 비는 그쳤습니까?

もう 雨は 止みましたか。

모—   아메와 야미마시따까

☑ 점점 따뜻해지는군요.

だんだん 暖かくなってきましたね。

단당 　　　　　 아따따까꾸낫떼 기마시따네

☐ 따뜻해서 기분이 좋군요.

暖かくて 気持ちが いいですね。

아따따까꾸떼 기모찌가 　　　 이-데스네

☐ 오늘은 따스하군요.

今日は ぽかぽか 暖かいですね。

쿄-와 　　　 뽀까뽀까 　　　 아따따까이데스네

☐ 이 시기치고는 제법 따뜻하군요.

この時期にしては かなり 暖かいですね。

고노 　지끼니 시떼와 　　　 가나리 　　　 아따따까이데스네

☐ 이제 곧 따뜻해지겠지요.

もうじき 暖かくなるでしょうね。

모-지끼 　　　 아따따까꾸 나루데쇼-네

Unit 7 더운 날씨에 대해 말할 때

한여름의 습기가 많고 찌는 듯한 무더운 날씨를 말할 때는 보통 「蒸し暑い」나 「ムシムシ」로 표현한다. 밤에 더워서 잠못 이루는 「열대야」는 熱帯夜(ねったいや)라고 한다.

☑ 오늘은 상당히 덥군요.

今日は なかなか 暑いですね。

쿄-와 나까나까 아쯔이데스네

☐ 오늘도 다시 더워질 것 같군요.

今日も また 暑くなりそうですよ。

쿄-모 마따 아쯔꾸나리 소-데스요

> 형용사에 「なる」가 접속할 때는 「~くなる」의 형태로 「~하게 되다」의 뜻이다.

☐ 창문을 열어도 될까요? 푹푹 찌니까요.

窓を 開けてもいいですか。むしむししますから。

마도오 아께떼모 이-데스까 무시무시시마스까라

☐ 이 더위는 견딜 수 없습니다.

この暑さには 耐えられません。

고노 아쯔사니와 다에라레마셍

> 형용사나 형용동사의 어간에 さ를 붙이면 성질·상태·정도를 나타내는 명사가 된다.

☐ 더운 것은 괜찮은데, 이 습기에는 질렸습니다.

暑いのは 平気ですが、この湿気には まいりますよ。

아쯔이노와 헤-끼데스가 고노 식께니와 마이리마스요

☐ 땀으로 흠뻑 젖었습니다.

汗で びっしょりです。

아세데 빗쇼리데스

Part 5 일상생활의 화제 표현

☑ 시원해서 기분이 좋군요.

涼しくて 気持ちが いいですね。

스즈시꾸떼　기모찌가　　　이-데스네

☐ 여기는 대체로 시원하고 쾌적하군요.

当地は だいたい 涼しくて 快適なんです。

토-찌와　　다이따이　　스즈시꾸떼　카이떼끼난데스

☐ 시원해졌군요.

涼しくなってきましたね。

스즈시꾸낫떼 기마시따네

Unit 9 차가운 날씨에 대해 말할 때

일본의 국토는 가늘고 긴 「細長(ほそなが)い」 지형으로 인해 남쪽에는 거의 눈이 내리지 않지만, 북쪽으로 눈이 많이 내리는 편이다. 겨울에 사람을 만났을 때 하는 인사말로는 「寒いですね(춥군요)」라고도 하지만 「ひえますねぇ」라고 하면 아주 한겨울의 추위가 뼛속까지 스며드는 느낌이 든다.

☑ **좀 차가워졌군요.**

ちょっと 冷え込んできましたね。
촛또　　　　　히에꼰데 기마시따네

☐ **추워졌어요.**

寒くなりましたね。
사무꾸 나리마시다네

☐ **쌀쌀하군요.**

冷え冷えしますね。
히에비에시마스네

~て たまりません ~해서 죽겠습니다(참을 수 없습니다)

☐ **저는 추워서 죽겠습니다. 당신은?**

私は 寒くて たまりません。あなたは?
와따시와 사무꾸떼 다마리마셍　　　　　아나따와

☐ **겨울이 되면 추워집니다.**

冬になると 寒くなります。
후유니 나루또　　　사무꾸나리마스

Part 5 일상생활의 화제 표현

일본도 우리와 마찬가지로 사계절의 변화가 뚜렷하다. 春(はる) 夏(なつ) 秋(あき) 冬(ふゆ)가 있으며, 한자로 「춘하추동」이라고 할 때는 春夏秋冬(しゅんかしゅうとう)이라고 읽는다. 그러나 국토의 지형이 가늘고 길어서 제일 남쪽에 있는 沖縄는 사계절이 덥고, 제일 북쪽에 위치한 北海道는 여름이 매우 짧다. 이 두 곳을 제외한 다른 곳은 대체적으로 四季가 분명하여 春夏秋冬의 계절을 맛볼 수가 있다. 봄의 따뜻한 날씨라면 暖かいですね, 여름의 더운 날씨라면 暑いですね, 가을의 시원한 날씨라면 涼しいですね, 겨울의 추운 날씨라면 寒いですね라고 먼저 화제를 꺼내면 훨씬 대화가 부드러워질 것이다.

☑ 당신이 가장 좋아하는 계절은?

あなたの いちばん 好^すきな 季節^{きせつ}は?
아나따노　　이찌반　　　스끼나　　　기세쯔와

□ 완전히 봄이군요.

すっかり 春^{はる}ですね。
슥까리　　　하루데스네

> すっかり 완전히, 남김없이, 죄다, 모두 = 徹底的(てっていてき)に, 完全(かんぜん)に

□ 장마에 들어섰습니다.

梅雨^{つゆ}に 入^{はい}っています。
쓰유니　　하잇떼 이마스

□ 태풍이 다가오고 있습니다.

台風^{たいふう}が 近^{ちか}づいています。
타이후-가　치까즈이떼 이마스

□ 나뭇잎이 모조리 단풍들었습니다.

木^この葉^はは すっかり 紅葉^{こうよう}しました。
고노하와　　　슥까리　　　코-요- 시마시따

□ 밖에는 눈이 내리고 있어요.

外^{そと}は 雪^{ゆき}が 降^ふっていますよ。
소또와 유끼가　훗떼 이마스요

Chapter 13

시간과 연월일에 대해서

시각, 요일, 연월일 등 때에 관한 표현은 일상생활에서 언제 어디서든 입에서 술술 나올 때까지 익혀두어야 합니다. 시간을 물을 때는 **何時ですか**라고 하며, 이에 대한 응답으로는 정각이면 **ちょうど**를 쓰고 정각을 지났을 때는 **すぎ**를 써서 표현합니다. 월이나 요일 또는 날짜를 물을 때는 의문의 뜻을 나타내는 조수사 **何**를 써서 **何月** **(なんがつ)**, **何曜日(なんようび)**, **何日(なんにち)**라고 묻고, 연도를 물을 때는 **何年(なんねん)**이라고 하면 됩니다

Unit **1** 시간을 묻고 답할 때

바쁘게 살아가는 현대인에게 「시간 時間(じかん)」은 매우 긴밀한 관계에 있다. 時(じ)를 물을 때는 何時(なんじ), 분을 물을 때는 何分(なんぷん), 초를 물을 때는 何秒(なんびょう)라고 한다.

☑️ **지금 몇 시입니까?**

今、何時ですか。
いま なん じ

이마　난지데스까

시간을 말할 때 「四時(よじ)」와 「九時(くじ)」의 발음에 주의한다.

☐ **8시 5분입니다.**

8時5分です。
じ ふん

하찌지 고훈데스

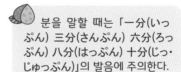
분을 말할 때는 「一分(いっぷん) 三分(さんぷん) 六分(ろっぷん) 八分(はっぷん) 十分(じっ・じゅっぷん)」의 발음에 주의한다.

☐ **9시 5분 전입니다.**

9時 5分前です。
じ ふんまえ

구지　고훔마에데스

☐ **11시 15분이 지났습니다.**

11時15分過ぎです。
じ ふん す

쥬-이찌지 쥬-고훈스기데

過(す)ぎ 때가 지나감

일본인은 시간에 대한 강박관념이 투철하여 약속시간 10분 전에 약속장소 근방에 가 있다가 시간에 맞춰 나타나는 게 일본인이다. 총리대신의 하루 일정은 분(分) 단위로 언론에 예고된다.

☑ **몇 시에 약속이 있습니까?**

何時に 約束が ありますか。

난지니　　약소꾸가　　아리마스까

☐ **4시 무렵에는 돌아오겠습니다.**

4時頃には 戻って来ます。

요지고로니와　　모돗떼 기마스

☐ **시간이 없어요.**

時間が ありませんよ。

지깡가　　아리마셍요

☐ **아침에는 몇 시 무렵에 일어납니까?**

朝は 何時ごろ 起きますか。

아사와　난지고로　　오끼마스까

☐ **어젯밤은 몇 시에 잤습니까?**

昨夜は 何時に 寝ましたか。

사꾸야와　　난지니　　네마시따까

☐ **일은 9시부터 시작됩니다.**

仕事は 9時から 始まります。

시고또와　　구지까라　　하지마리마스

일본에서 「1초도 안 틀리는 시계」가 인기를 끈 적이 있다. 이 시계는 라디오 전파를 잡아내는 기능이 있다. 매 시간 방송국 시보(時報)를 듣고 틀린 시각을 스스로 바로잡는다. 시간관념이 철저한 일본인에겐 시간마다 초침을 교정하는 시계가 필요할 만하다.

☑ 내 시계는 11시입니다.

わたしの 時計では 11時です。
와따시노　도께―데와　쥬―이찌지데스

☐ 내 시계는 정확합니다.

わたしの 時計は 正確です。
와따시노　도께―와　세―까꾸데스

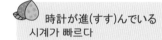
時計が進(すす)んでいる 시계가 빠르다

☐ 당신 시계는 좀 빠른 것 같습니다.

あなたのは ちょっと 進んでいると思います。
아나따노와　춋또　스슨데 이루또 오모이마스

時計が遅れている 시계가 늦다
~しか ~밖에, ~뿐

☐ 이 시계는 몇 초밖에 늦지 않습니다.

この時計は 数秒しか 遅れていません。
고노 도께―와　스―뵤―시까　오꾸레떼 이마셍

☐ 자명종을 7시에 맞춰놨는데 울리지 않았습니다.

目覚ましを 7時に セットしたのに、鳴りませんでした。
메자마시오　시찌지니 셋또시따노니　나리마셍데시따

년도를 물을 때는 何年(なんねん), 월을 물을 때는 何月(なんがつ), 요일을 물을 때는 何曜日(なにようび), 줄여서 何曜日(なんようび)라고도 한다. 일을 물을 때는 何日(なんにち)라고 한다.

☑ 오늘은 며칠입니까?
今日は 何日ですか。
쿄—와   난니찌데스까

> 「一日(ついたち) 二日(ふつか) 三日(みっか) 四日(よっか) 五日(いつか) 六日(むいか) 七日(なのか) 八日(ようか) 九日(ここのか) 十日(とおか)와 十四日(じゅうよっか) 二十日(はつか) 二十四日(にじゅうよっか)」는 고유어로 읽는다.

☐ 오늘은 무슨 요일입니까?
今日は 何曜日ですか。
쿄—와   낭요—비데스까

> *日曜(にちよう) 月曜(げつよう) 火曜(かよう) 水曜(すいよう) 金曜(きんよう) 土曜(どよう)
> *先週(せんしゅう) ← 今週(こんしゅう) → 来週(らいしゅう)

☐ 오늘은 몇 월 며칠입니까?
今日は 何月 何日ですか。
쿄—와   낭가쯔 난니찌데스까

☐ 당신의 생일은 언제?
あなたの 誕生日は?
아나따노   탄죠—비와

> 生年月日(せいねんがっぴ) 생년월일

☐ 몇 년 생입니까?
何年の 生まれですか。
난넨노   우마레데스까

> 去年(きょねん) ← 今年(ことし) → 来年(らいねん)

☐ 모레는 돌아오겠습니다.
明後日には 帰ってきます。
아삿떼니와   가엣떼 기마스

> 昨日(きのう) ← 今日(きょう) → 明日(あした)

Chapter 14

미용과 세탁에 대해서

이발소나 미용실에 가면 이발사나 미용사가 どのようにしましょうか(어떻게 할까요?)라고 묻습니다. 이 때 자신이 원하는 헤어스타일을 말해야 합니다. 따라서 면도를 할 것인지, 이발만 할 것인지, 머리는 감을 것인지, 드라이를 할 것인지, 파마를 할 것인지 분명하게 말할 수 있는 표현을 익혀야 합니다. 미용실에서 파마를 부탁할 때는 パーマをかけてください라고 하면 됩니다

Unit 1 이발소에서

이발소에서 이발이란 머리카락을 가지런히 잘라 모양을 다듬는 것이다. 이발소는 理容室(りょうしつ), 床屋(とこや)라고도 한다. 친근감을 담아「床屋(とこや)さん」이라고 부르는 경우도 많다. 정기 휴일은 대개 월요일(도쿄 부근)이며 가게 안에 흔히 남자 모델 사진이 있으므로 그것을 보고 머리 모양을 정해도 된다. 직접 사진을 가져가「이런 머리 모양으로 해 주세요.」라고 말해 보는 것도 효과적. 머리를 자르는 동안 이발사와 일상적인 이야기를 나누는 것도 즐겁다. 일본어 실력 향상으로 이어질 뿐만 아니라. 일본의 일반적인 생활을 알 수 있다는 좋은 점도 있다.

☑ **어떻게 할까요?**

どのように しましょうか。
도노요ー니　　시마쇼ー까

☐ **이발과 면도를 부탁합니다.**

散髪と ひげそりを お願いします。
삼빠쯔또　히게소리오　　오네가이시마스

☐ **머리를 조금 잘라 주세요.**

髪を 少し 刈ってください。
가미오 스꼬시 갓떼 구다사이

☐ **머리를 염색을 해 주세요.**

髪の毛を 染めてください。
가미노께오　소메떼 구다사이

187

미용실의 미용은 머리 손질만을 말하는 것이 아니라, 얼굴이나 모습을 아름답게 하는 일 전반을 가리키는 것이다. 미용실은 美容室(びようしつ), beauty salon, hair salon 등 여러 가지로 불리고 있다. 미용실에 가면 우선 접수할 때 「오늘은 어떻게 하시겠습니까?」라고 물으므로 「커트 부탁합니다.」 등으로 원하는 바를 얘기한다. 대기실에는 헤어 카탈로그나 패션잡지가 놓여 있다. 이 중에서 마음에 드는 머리 모양을 찾아도 좋고, 「가수○○씨 모양으로 해 주세요.」라로 말해도 알아듣기 쉽다.

☑ **커트입니까, 파마입니까?**

カットですか、パーマですか。
<small>캇또데스까　　　　　파ー마데스까</small>

☐ **커트를 해 주세요.**

カットしてください。
<small>캇도시떼 구다사이</small>

☐ **지금 헤어스타일을 조금 바꾸고 싶은데요.**

今の ヘアスタイルを 少し 変えたいんですが。
<small>이마노　헤아스따이루오　　　　스꼬시 가에따인데스가</small>

☐ **이 부분은 너무 짧지 않도록 해 주세요.**

この部分は 短すぎないようにしてください。
<small>고노 부붕와　　　미지까스기나이 요ー니 시떼 구다사이</small>

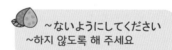

~ないようにしてください
~하지 않도록 해 주세요

Unit **3** 세탁소에서

우리는 세탁소 하면 흔히 주택가를 떠올리게 되게 된다. 그러나 일본에는 주택가가 아닌 도심 한가운데에 「미사즈 히트」라는 작은 세탁소가 붐을 일으키고 있다. 더럽혀진 옷을 급히 세탁해야 하는 경우에도 이용되지만 주로 출근길에 맡기고 퇴근길에 찾아가는 독신 남녀, 맞벌이 부부들이 애용하고 있다.

☑ **클리닝을 부탁해요.**

クリーニングを お願いします。

쿠리-닝구오　　　　　오네가이시마스

☐ **언제 됩니까?**

いつ 仕上がりますか。

이쯔　　시아가리마스까

> 일본에서의 クリーニング屋(세탁소)는 드라이클리닝과 손빨래 모두를 취급한다.

☐ **와이셔츠 3장과 바지가 있습니다.**

ワイシャツ3枚と ズボンが あります。

와이샤쯔 삼마이또　　　　즈봉가　　　아리마스

☐ **이 얼룩은 질까요?**

このしみは 取れるでしょうか。

고노 시미와　　　도레루데쇼-까

☐ **내일 아침까지 부탁합니다.**

明日の朝までに お願いします。

아시따노 아사마데니　　　　오네가이시마스

> プレスする = アイロンをかける 다림질하다

☐ **이 바지를 다려 주셨으면 하는데요.**

このズボンを プレスしてもらいたいんですが。

고노 즈봉오　　　　푸레스시떼 모라이따인데스가

Chapter 15 음주와 흡연에 대해서

밤이 되면 번화가와 역의 여기저기서 술에 취해 앉아있거나, 벤치에 누워있는 사람들의 모습을 발견할 수 있다. 그것은 대단히 평범한 샐러리맨, OL, 그리고 학생들의 모습도 있다. 약간 눈살을 찌푸릴 뿐, 그것을 지나치게 나무라지는 않는 것이 일본인입니다. 또한 일본에서는 모여서 술을 마실 기회가 많습니다. 망년회, 신년회, 송별회, 환영회, 사원여행에서의 연회 등 온갖 형태로 집단적으로 술을 마십니다.

Unit 1 술을 마시자고 할 때

일본인과 친밀하게 사귀고 싶거나 같은 직장에서 일을 마치고 귀갓길에 一杯 いかがですか(한 잔 하시겠어요?)라고 권하며 잠깐 한 잔 하는 것도 일본어를 할 수 있는 좋은 기회이다. 자신이 한 잔 사고 싶을 때는 今日(きょう)は 私(わたし)が おごります(오늘은 제가 사겠습니다)라고 말한다.

☑ 어디서 한 잔 하는 건 어때?

どこかで 一杯 やるのは どう?
도꼬까데　입빠이　야루노와 도ー

☐ 오늘밤 한 잔 하러 가지 않을래요?

今晩、飲みに 行きませんか。
곰반,　노미니　이끼마셍까

*~に 行く ~하러 가다
*どうだい 남자들이 친근한 사이에 쓰는 어투이다.

☐ 맥주를 마시러 가는 건 어때?

ビールを 飲みに 行くのは どうだい?
비ー루오　노미니　이꾸노와　도ー다이

☐ 귀갓길에 선술집에 들러 잠깐 한 잔 하자.

帰りに 居酒屋へ 寄って ちょっと 一杯 やろうよ。
가에리니　이자까야에　욧떼　촛또　입빠이 야로ー요

Unit 2 술을 마시면서

일본인도 우리와 마찬가지로 함께 술을 마시면서 건배를 할 때는 乾杯(かんぱい)라고 외친다. 그러나 우리와는 달리 술을 권할 때는 한손으로 따라도 된다. 그리고 상대방이 잔에 술이 조금 남아 있을 때는 첨잔하는 것도 한국과는 크게 다른 점이다.

☑ **맥주 한 잔 받아요.**

ビールを 一杯 どうぞ。
비-루오　　입빠이 도-조

☐ **소주는 어때?**

焼酎は どうだい?
쇼-쮸-와　도-다이

☐ **자, 마셔요, 마셔.**

さあ、どうぞ どうぞ。
사-　　도-조　　도-조

☐ **좀더 마시겠어요?**

もう少し いかがですか。
모- 스꼬시　이까가데스까

☐ **건배!**

乾杯!
감빠이

☐ **단숨에 들이키세요. 건배!**

一気に 飲み干してください。乾杯!
익끼니　　노미호시떼 구다사이　　감빠이.

Part 5 일상생활의 화제 표현

일본인이 즐겨 마시는 술에는 청주(우리가 잘못 알고 쓰는 正宗(まさむね)은 상표 이름)를 비롯하여, 「焼酎(しょうちゅう)(소주)」와 「ビール(맥주)」, 「ウイスキー(위스키)」 등이 있다. 이 중 청주는 「일본 전래의 술」로서 「お酒(さけ)(오사케)」라고 하며, 모든 술을 가리키는 집합명사로도 사용된다. 맥주나 위스키가 들어오기 전에 「술」을 마신다고 하면, 바로 청주를 마신다는 의미였다.

☑ **어느 정도 술을 마십니까?**

どのくらい 酒を 飲みますか。
<ruby>酒<rt>さけ</rt></ruby> <ruby>飲<rt>の</rt></ruby>

도노쿠라이　　사께오　노미마스까

☐ **저는 술을 못하는 편입니다.**

私は どちらかと言うと 「下戸」です。
<ruby>私<rt>わたし</rt></ruby> <ruby>言<rt>い</rt></ruby> <ruby>下戸<rt>げこ</rt></ruby>

와따시와 도찌라까또 유-또　　게꼬 데스

下戸(げこ) ↔ 上戸(じょうご)

☐ **숙취는 없습니까?**

二日酔いは しませんか。
<ruby>二日<rt>ふつか</rt></ruby> <ruby>酔<rt>よ</rt></ruby>

후쯔까요이와　　시마셍까

酒(さけ)に酔(よ)う
술에 취하다, 酔(よ)っ
ぱらう 만취하다

☐ **당신은 지나치게 술을 마셔요.**

あなたは 飲みすぎますよ。
<ruby>飲<rt>の</rt></ruby>

아나따와　　노미스기마스요

☐ **술을 끊으려고 합니다.**

お酒を やめようと思っています。
<ruby>酒<rt>さけ</rt></ruby> <ruby>思<rt>おも</rt></ruby>

오사께 오　야메요-또 오못떼 이마스

☐ **이제부터 절대로 술을 마시지 않겠습니다.**

これから 絶対に お酒を 飲みません。
<ruby>絶対<rt>ぜったい</rt></ruby> <ruby>酒<rt>さけ</rt></ruby> <ruby>飲<rt>の</rt></ruby>

고레까라　　젯따이니　오사께오　노미마셍

Unit **4** 담배를 피울 때

담배는 우리와는 달리 윗사람 앞에서도 피울 수 있다. 상대 앞에서 담배를 피울 때는「タ
バコを 吸っても いいですか(담배를 피워도 되겠습니까?)」라고 반드시 허락을 받고 피우
도록 합시다.

☑ 여기서 담배를 피워도 될까요?

ここで タバコを 吸ってもいいでしょうか。
고꼬데　　다바꼬오　　숫떼모 이-데쇼-까

☐ 여기서는 담배를 피우지 말았으면 좋겠어.

ここでは タバコを 吸ってもらいたくないの。
고꼬데와　　다바꼬오　　숫떼 모라이따꾸나이노

☐ 여기는 금연입니다.

ここは 禁煙になっています。
고꼬와　　깅엔니 낫떼 이마스

☐ 담배 한 대 피우시겠어요?

タバコを 一本 いかがですか。
다바꼬오　　입뽕　　이까가데스까

☐ 불 좀 빌려 주시겠어요?

火を 貸していただけますか。
히오　　가시떼 이따다께마스까

☐ 재떨이를 이리 가지고 오지 않겠어요?

灰皿を こちらへ 取ってくれませんか。
하이자라오 고찌라에　　돗떼 구레마셍까

Part 5 일상생활의 화제 표현

193

흡연에 관대한 편인 일본에서도 시내 주요 지점을 중심으로부터 길거리 금연이 실시되고 있다.

☑ **아버지는 상당한 애연가입니다.**

父は かなりの 愛煙家です。

치찌와 가나리노　　아이엥까데스

☐ **식사 후의 한 대는 정말로 맛있습니다.**

食事後の 一服は 実に うまいです。

쇼꾸지고노　　입뿌꾸와　　지쯔니 우마이데스

☐ **특히 초조할 때 피우면 기분이 좋아집니다.**

特に いらいらした 時に 吸うと 気分が 良くなります。

토꾸니 이라이라시따　　도끼니 스우또　　기붕가　　요꾸나리마스

☐ **2년 전에 금연했습니다.**

2年前に 禁煙しました。

니넴 마에니　　깅엔시마시따

☐ **아직 담배를 피우고 있니? 금연중이라고 생각했는데.**

まだ タバコを 吸ってる? 禁煙中だと 思ったのに。

마다 다바꼬오　　슷떼루　　깅엔쮸ー다또 오못따노니

☐ **당신은 담배를 너무 피워요. 몸에 좋지 않아요.**

あなたは タバコの 吸いすぎですよ。体に 悪いですよ。

아나따와　　다바꼬노 스이스기데스요　　가라다니 와루이데스요

PART

6

통신과 교통에 관한 표현

이제 유선전화는 물론 휴대전화도 바쁘게 살아가는 현대인의 필수품이 되었습니다. 여기서 전화 통화에 관련된 다양한 표현은 물론, 인터넷, 우편, 은행 등 통신에 관한 표현을 착실히 익히도록 합시다. 또한 외국에 나가서 대중교통을 이용하여 돌아다니는 것은 색다른 맛을 느끼게 해줍니다. 외출을 하기 전에 우선 교통에 관한 표현은 물론 대중교통에 대한 정보를 입수하여 길을 잃거나 헤매는 일이 없도록 합시다.

Chapter 01 전화를 걸고 받을 때

전화는 상대를 얼굴을 보지 않기 때문에 처음에는 불안하지만, 횟수를 반복하는 사이에 자신감이 붙습니다. 여기서는 일정한 패턴에 익숙해지도록 하여 차분하게 메모를 할 수 있도록 합니다. 여기서는 전화를 거는 입장과 받는 입장에서의 표현입니다. 익숙해질 때까지는 전해야 할 용건을 미리 메모해 두어 그것을 보면서 말하면 확실한 의사전달이 이루어집니다. 언제 걸려올지 모르는 전화를 기다리는 것보다 이쪽에서 직접 거는 것이 마음 편한 경우도 있습니다.

Unit 1 전화를 걸 때

전화를 걸 때는 반드시 もしもし、キムですが、田中さんを お願いします라고 먼저 자신의 신분이나 소속단체를 밝히고 전화통화를 할 상대를 부탁한다. 상대가 직접 받을 때는 もしもし、そちらは田中さんでしょうか라고 하면 된다.

☑ **여보세요, 다나카 씨를 부탁합니다.**

もしもし、田中さんを お願いします。
모시모시　　다나까상오　　　오네가이시마스

> もしもし는 기본적으로 전화상에서 상대를 호출할 때 쓰이는 표현이지만, 모르는 사람을 부를 때도 쓰인다.

☐ **여보세요, 요시다 씨 댁입니까?**

もしもし、吉田さんの お宅ですか。
모시모시　　요시다산노　　　오따꾸데스까

☐ **경리부 기무라 씨와 통화를 하고 싶은데요.**

経理部の 木村さんと お話ししたいんですが。
게ー리부노　　기무라산또　　　오하나시 시따인데스가

☐ **내선 10번을 부탁합니다.**

内線の 10番を お願いします。
나이센노　　쥬ー방오　　오네가이시마스

Unit **2** 상대가 부재중일 때

☑ 언제 돌아오십니까?

いつ お戻りになりますか。

이쯔　오모도리니 나리마스까

☐ 무슨 연락할 방법은 없습니까?

何とか 連絡する 方法は ありませんか。

난또까　렌라꾸스루　호-호-와　아리마셍까

☐ 그녀에게 연락할 수 있는 다른 번호는 없습니까?

彼女に 連絡できる 他の 番号は ありませんか。

가노죠니　렌라꾸데끼루　호까노 방고-와　아리마셍까

☐ 나중에 다시 한번 걸게요.

あとで もう一度 かけなおします。

아또데　모- 이찌도　가께나오시마스

Part 6 통신과 교통에 관한 표현

197

Unit 3 전화를 받을 때

전화를 받을 때는 우선 「もしもし, ○○でございますが(여보세요, ○○입니다만)」라고 자신의 이름이나 회사의 이름 등을 밝혀 상대가 확인하는 수고를 덜어주는 것도 전화 에티켓의 하나이다. 전화 상대를 바꿔줄 때는 「ちょっと お待ちください(잠깐 기다려 주십시오)」라고 한다.

☑ 제가 전화를 받겠습니다.
私が 電話に 出ましょう。
와따시가 뎅와니　　데마쇼-

☐ 접니다만.
私ですが。
와따시데스가

> 찾는 상대가 본인일 경우 대응하는 표현이다.

☐ 누구십니까?
どちら様でしょうか。
도찌라사마데쇼-까

> 방문자나 전화상에서 상대를 확인할 때 많이 쓰이는 표현이다.

☐ 잠시 기다려 주십시오.
少々お待ちください。
쇼-쇼- 오마찌 구다사이

☐ 기무라 씨, 다나카 선생님한테 전화입니다.
木村さん、田中先生から お電話です。
기무라상　　다나까 센세-까라　　오뎅와데스

☐ 곧 기무라 씨를 바꿔드리겠습니다.
ただいま 木村さんと 代わります。
다다이마　　기무라산또　　가와리마스

198

Unit 4 전화를 받을 수 없을 때

전화가 걸려왔을 때 찾는 사람이 전화를 받을 수 없는 상황일 때, 즉 부재중이거나 회의 중, 외출중일 때 적절하게 대응하는 표현을 익히도록 하자.

☑ **미안합니다. 아직 출근하지 않았습니다.**

すみません。まだ 出社しておりません。
스미마셍　　　　　마다　슛샤시떼 오리마셍

> 「~ておりません」은 「~ていません」의 경양 표현이다.

☐ **잠깐 자리를 비웠습니다.**

ちょっと 席を はずしております。
촛또　　　세끼오 하즈시떼 오리마스

> 「おる」는 존재를 나타내는 「いる」의 경양어이다.

☐ **미안합니다. 오늘은 쉽니다.**

すみません、今日は 休みを 取っております。
스미마셍　　　쿄―와　　야스미오　돗떼 오리마스

☐ **방금 점심을 먹으러 나갔는데요.**

ただいま 昼食に 出ておりますが。
다다이마　　츄―쇼꾸니 데떼 오리마스가

☐ **미안합니다, 지금 회의중입니다.**

すみません、ただいま 会議中です。
스미마셍　　　다다이마　　카이기쮸―데스

☐ **30분 후에 다시 걸어 주시겠습니까?**

30分後に かけなおしていただけますか。
산줍뽕고니　　가께나오시떼 이따다께마스까

 かけなおす 다시 걸다

Part 6 통신과 교통에 관한 표현

☑ 전해 주시겠습니까?

伝言していただけますか。
でんごん

뎅곤시떼 이따다께마스까

☐ 기무라한테 전화가 왔다고 전해 주십시오.

木村から 電話があったと お伝えください。
き むら　　　　でん わ　　　　　　　　　　つた

기무라까라　　뎅와가 앗따또　　　　　　오쓰따에 구다사이

☐ 돌아오면 나에게 전화를 주도록 말해 주세요.

戻りましたら、私に 電話を
もど　　　　　わたし　でん わ

> 동사의 기본형에 「~
> ように」가 접속하면 「~하
> 도록」의 뜻을 나타낸다.

くれるように 言ってください。
い

모도리마시따라 와따시니 뎅와오 구레루 요-니 잇떼 구다사이

☐ 돌아오면 전화하도록 말할까요?

帰ったら 電話するように 言いましょうか。
かえ　　　　でん わ　　　　　　　　　　い

가엣따라　　뎅와스루 요-니　　　이이마쇼-까

☐ 메시지를 전해 드릴까요?

伝言を お伝えしましょうか。
でんごん　　　つた

뎅공오　　오쓰따에 시마쇼-까

☐ 기무라 씨, 아까 김씨에게 전화가 있었습니다.

木村さん、さっき 金さんから 電話が ありました。
き むら　　　　　　　　　　　　　でん わ

기무라상　　　삭끼　　김상까라　　　뎅와가　　아리마시따

☑ 번호가 틀린 것 같습니다만.

番号を お間違えのようですが。

방고ー오　오마찌가에노 요ー데스가

☐ 몇 번에 거셨습니까?

何番へ おかけですか。

남방에　　오까께데스까

☐ 미안합니다, 번호를 잘못 걸었습니다.

すみません、番号を かけ間違えました。

스미마셍　　　방고ー오　가께마찌가에마시따

☐ 미안합니다, 여기에는 마쓰모토라는 이름을 가진 사람이 없습니다.

すみません、こちらには 松本という名の者は おりません。

스미마셍 고찌라니와 마쓰모또또유ー 나노 모노와 오리마셍

☐ 실례했습니다. 끊어져 버렸습니다.

失礼しました。切れてしまいました。

시쯔레ー시마시따　　기레떼 시마이마시따

일본에서 한국으로 국제전화를 걸 때는 먼저 국제전화 사업자 번호(001, 007 등)를 누르고 나서 한국 코드 넘버 82를 누른다. 다음에 지역번호 머리 숫자 0을 빼고 한국의 걸고 싶은 번호를 다이얼하면 된다.

☑ 서울에 국제전화를 걸고 싶은데요.

ソウルへ 長距離電話を かけたいのですが。
소우루에　　　쵸-꼬리 뎅와오　　　가께따이노데스가

□ 한국에 직접 전화하는 방법을 가르쳐 주겠어요?

韓国へ 直接 電話する 方法を 教えてくれますか。
캉꼬꾸에　　쵸꾸세쯔 뎅와스루　　호-호-오　오시에떼 구레마스까

□ 서울에 컬렉트콜로 해 주세요.

ソウルへ コレクト・コールに してくれますか
소우루에　　　코레꾸또・코-루니　　　시떼 구레마스까

□ 미안합니다, 통화를 취소해 주시겠어요?

すみません、通話を 取り消してもらえますか。
스미마셍　　　쓰-와오　　도리께시떼 모라에마스까

□ 상대에게 연결이 되지 않는데, 어떻게 하면 될까요?

相手に つながらないのですが、どうしたら いいでしょうか。
아이떼니 쓰나가라나이노데스가 도-시따라 이-데쇼-까

Chapter 02 우체국과 은행을 이용할 때

우리는 아는 사람을 만났을 때 일상적으로 쓰는 말이 「안녕하세요?」이지만, 일본어에서는 영어에서처럼 아침(おはようございます), 낮(こんにちは), 저녁(こんばんは) 인사를 구분하여 쓰고 있습니다. 친한 사이라면 아침에 만났을 때 おはよう라고만 해도 무방하며, 더욱 줄여서 オッス라고도 합니다. 근황을 물을 때는 お元気ですか라고 하며, 이에 대한 응답으로는 おかげさまで元気です라고 합니다.

Unit 1 은행 창구에서

일본의 화폐단위는 ¥(엔)으로서 일반적으로 시중에서 사용되고 있는 화폐의 종류는 경화가 1, 5, 10, 50, 100, 500¥(엔)의 여섯 가지이며, 지폐는 1000, 2000, 5000, 10000¥(엔) 네 가지이다.

☑ **은행은 어디에 있습니까?**
銀行は どこに ありますか。
깅꼬-와 도꼬니 아리마스까

☐ **5만 엔을 인출하고 싶은데요.**
5万円 引き出したいのですが。
고망엥 히끼다시따이노데스가

お金を下(お)ろす 돈을 찾다

☐ **공제잔고는 얼마나 됩니까?**
引出残高は いくらになりますか。
히끼다시잔다까와 이꾸라니 나리마스까

円高(えんだか) 엔고

☐ **현금자동인출기는 어디에 있습니까?**
現金自動支払機は どこに ありますか。
겡낀 지도-시하라이끼와 도꼬니 아리마스까

일본의 우편사업은 정부에 의해 행해지고 전국에 우편망이 퍼져 있다. 우체국은 각처에 있고 편지, 소포배달 이외에 저금, 보험 등의 업무도 취급한다. 보통 우체국의 업무시간은 월요일부터 금요일까지로 오전 9시부터 오후 5시까지 하며 토·일요일 및 경축일은 쉰다. 또 우표나 엽서는 우체국 외에 kiosk(전철역에 있는 매장)등 [〒]mark가 있는 상점에서도 판매한다. post box는 도로 여기저기에 설치되어 있고 적색으로 mark가 붙어 있다.

☑ **근처에 우체국이 있습니까?**

近くに 郵便局は ありますか。

치까꾸니 유-빙쿄꾸와　아리마스까

> ポストにはがきを出(だ)す 우체통에 엽서를 넣다

☐ **우표를 5장 주세요.**

切手を 5枚 ください。

깃떼오　　고마이 구다사이

☐ **이 편지 요금은 얼마입니까?**

この手紙の 送料は いくらですか。

고노 데가미노　　소-료-와　이꾸라데스까

☐ **항공편이라면 얼마나 듭니까?**

航空便だと いくら かかりますか。

코-꾸-빈다또　　이꾸라　가까리마스까

> 船便(ふなびん) 선편

☐ **이걸 등기로 보내 주세요.**

これを 書留にしてください。

고레오　　가끼또메니 시떼 구다사이

☐ **속달로 부탁합니다.**

速達で お願いします。

소꾸따쯔데 오네가이시마스

✅ 서울까지 도착하는 데 어느 정도 걸립니까?

ソウルまで 着_つくのに どのくらい かかりますか。
소우루마데　　쓰꾸노니　　도노쿠라이　　가까리마스까

☐ 더 빠른 방법으로 보내고 싶은데요.

もっと 速_{はや}い 方法_{ほうほう}で 送_{おく}りたいんですが。
못또　　하야이　호-호-데　　오꾸리따인데스가

☐ 이걸 한국에 보내는 데에 얼마나 듭니까?

これを 韓国_{かんこく}に 送_{おく}るのに いくら かかりますか。
고레오　　캉꼬꾸니　　오꾸루노니　　이꾸라　　가까리마스까

☐ 발신인 이름과 주소를 어디에 쓰면 됩니까?

発信人_{はっしんにん}の名前_{なまえ}と 住所_{じゅうしょ}は どこに 書_かいたらいいですか。
핫신닌노 나마에또　　쥬-쇼와　　도꼬니　가이따라 이-데스까

☐ 우편번호는 313-631입니다.

郵便番号_{ゆうびんばんごう}は 313-631です。
유-빔방고-와　　산이찌산노 로꾸산이찌데스

출국하기 전에 미리 은행이나 공항의 환전소에서 일본 화폐(엔)로 바꾸는 게 좋다. 고액을 바꾼다면 분실시에도 안전한 여행자수표를 준비하는 게 좋고 액면가는 고액보다 소액으로 마련하는 것이 사용하기 편리하며 달러로 바꾼 후 일본에서 환전을 해도 되지만 환전수수료를 손해 본다. 여행자수표의 환전수수료가 현금보다 유리하다.

☑ 환전 창구는 어디인가요?

りょうがえ まどぐち
両替の 窓口は どちらですか。

료ー가에노 마도구찌와 도찌라데스까

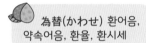
為替(かわせ) 환어음, 약속어음, 환율, 환시세

☐ 오늘 환율은 얼마입니까?

きょう こうかん
今日の 交換レートは いくらですか。

쿄ー노   코ー깐 레ー또와   이꾸라데스까

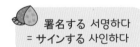
トラベラーズチェック
여행자수표

☐ 여행자수표를 사고 싶은데요.

りょこうしゃこぎって か
旅行者小切手を 買いたいのですが。

료ー꼬ー샤 고깃떼오   가이따이노데스가

☐ 여행자용 수표를 현금으로 바꾸고 싶은데요.

りょこうしゃようこぎって げんきん か
旅行者用小切手を 現金に 換えたいのですが。

료꼬ー 샤요ー 고깃떼오   겡낀니   가에따이노데스가

☐ 수표 전부 서명이 필요합니까?

こぎって いちまいいちまい しょめい ひつよう
小切手の 一枚一枚に 署名が 必要ですか。

고깃떼노   이찌마이 이찌마이니 쇼메이가 히쯔요ー데스까

署名する 서명하다
= サインする 사인하다

Unit 4 예금과 대출을 받을 때

우리나라에서 은행을 이용해 본 경험이 있는 사람이라면 일본에서 은행을 이용하는 데는
별 어려움이 없고 통장을 개설할 때는 외국인 등록증이나 여권을 지참해야 한다. 자유롭
게 입출금할 수 있는 보통 예금 통장을 만드는 것이 편리하다. 업무시간은 우리나라보다
훨씬 짧기 때문에 주의해야 한다. 월요일부터 금요일까지 오전 9시부터 오후 3시까지이
고 현금 카드가 있으면 평일은 오후 7시까지, 주말은 오후 5시까지 돈을 인출할 수 있다.

☑ 예금하고 싶은데요.
預金したいのですが。
요낀시따이노데스가

貯金(ちょきん)する 저금하다,
貯蓄(ちょちく)する 저축하다

☐ 구좌를 개설하고 싶은데요.
口座を 設けたいのですが。
코―자오　모―께따이노데스가

口座(こうざ)を 設
(もう)ける 구좌를 개설

☐ 보통예금구좌로 해 주세요.
普通預金口座にしてください。
후쓰―요낑　코―자니 시떼 구다사이

☐ 정기예금과 적금 중에 어느 것이 좋겠어요?
定期預金と 積立預金では どちらが いいでしょうか。
데―끼요낀또　쓰미타떼요낀데와　도찌라가　이―데쇼―까

☐ 이율은 몇 퍼센트입니까?
利息は 何パーセントですか。
리소꾸와　난빠―센또데스까

☐ 용지에 기입했습니다.
用紙に 記入しました。
요―시니　기뉴―시마시따

Chapter 03

길을 묻고 답할 때

여기서는 길을 잃었을 때 길을 묻는 방법과 다른 사람이 길을 물어 왔을 때 안내하는 요령 등도 제시되어 있습니다. 길을 물을 때 많이 쓰이는 패턴으로는 …へ行く道を教えてください가 있습니다. 일본 의 경우는 도로의 표지판이나 주소지 등이 명확하게 정리되어 있어 지도 한 장만 있어도 어디든 원하는 목적지에 혼자서도 찾아갈 수 있습니다. 만약 길을 잘 모르거나 잃었을 때는 지도를 펴 보이며 물 어봐도 되고 인근 파출소(交番)에 가서 물어보면 친절하게 안내를 해 줍니다.

Unit 1 길을 물을 때

☑ 미안합니다, 역은 어떻게 가면 좋을까요?

すみません、駅へは どう 行ったらよいでしょうか。
스미마셍　　　　에끼에와　　도－　잇따라 요이데쇼－까

> 「すみません」은 모르는 사람에 게 말을 걸거나 부탁할 때도 쓰인다.

☐ 팔레스 호텔로 가는 길을 가르쳐 줄래요?

パレス.ホテルへ 行く道を 教えてくれますか。
파레스 호떼루에　　　　이꾸 미찌오　오시에떼 구레마스까

☐ 미안합니다, 책방을 찾고 있는데, 이 근처에 있습니까?

すみません、本屋を 探してるんですが、この辺に ありますか。
스미마셍, 홍야오 사가시떼룬데스가 고노 헨니 아리마스까

☐ 우에노 공원은 이 길로 가면 됩니까?

上野公園は この道で いいんでしょうか。
우에노 코－엥와　　고노 미찌데　이인데쇼－까

Unit 2 길을 가르쳐 줄 때

☑ 어디에 가십니까?

どこへ いらっしゃるのですか。
도꼬에   이랏샤루노데스까

☐ 이 길로 곧장 가세요.

この 道を 真っ直ぐ 行ってください。
고노   미찌오 맛스구   잇떼 구다사이

☐ 두 번째 모퉁이에서 왼쪽으로 도세요.

左 왼쪽 ↔ 右(みぎ) 오른쪽

2つ目の 角を 左に 曲がりなさい。
후따쯔메노   가도오 히다리니 마가리나사이

☐ 지금 온 길을 돌아가야 합니다.

今 来た 道を 戻らないといけません。
이마 기따   미찌오 모도라나이또 이께마셍

☐ 여기서 걸어서 약 3분 정도입니다.

ここから 歩いて ほんの 3分ほどです。
고꼬까라   아루이떼   혼노   삼뿡 호도데스

☐ 저도 그쪽으로 갈 테니까, 따라오세요.

私もそちらの 方向へ 行きますから、お連れしましょう。
와따시모 소찌라노 호−꼬−에 이끼마스까라 오쓰레시마쇼−

Part 6

통신과 교통에 관한 표현

일본에 여행을 갔을 때 일본인과 얼굴이 비슷하기 때문에 길을 물어오는 경우가 적지 않다. 또한 한국에 여행을 온 일본인이 길을 물어올 때는 당황하지 말고 다음 표현을 잘 익혀두어 자신 있게 대처하자.

☑ 미안합니다. 잘 모르겠습니다.

すみません。よく わかりません。
스미마셍   요꾸 와까리마셍

☐ 저도 여기는 처음이라서요.

私もここは 初めてなものですから。
와따시모 고꼬와 하지메떼나모노데스까라

☐ 저는 여행자입니다.

私は 旅行者なのです。
와따시와 료꼬―샤나노데스

☐ 미안하지만, 이 주변은 그다지 잘 모릅니다.

すみませんが、このあたりは あまり よく 知らないんです。
스미마셍가 고노 아따리와 아마리 요꾸 시라나인데스

☐ 다른 사람에게 물어보십시오.

だれか ほかの人に 聞いてください。
다레까   호까노   히또니 기이떼 구다사이

☐ 지도를 가지고 있습니까?

地図を 持っていますか。
치즈오   못떼 이마스까

대중교통을 이용할 때

여기서는 열차, 전철, 지하철, 버스, 택시, 비행기를 이용하는 경우에 필요한 표현을 다루었습니다. 역이나 차 안에서 일본인이 말을 걸어왔을 때 대처하는 방법도 포함되어 있으므로 실제로 응용해 봅시다. 정류장이나 역을 물을 때는 **電車駅·バス停·タクシー乗り場**은 어디입니까라고 합니다. 택시를 이용할 때는 **~までお願いします**라고 기사에게 말하면 목적지까지 데려다 줍니다.

Unit **1** 택시를 이용할 때

급하거나 길을 잘 모를 때는 택시를 이용하는 게 편리하다. 말이 통하지 않을 때는 가고 싶은 곳의 주소를 적어서 택시기사에게 주면 된다. 택시를 이용할 때는 「**~まで お願いします**(~까지 가주세요)」라고 기사에게 말하면 목적지까지 실어다 준다. 목적지를 잘 모를 때는 주소를 보이며 「**この 住所まで お願いします**(이 주소로 가주세요)」라고 하면 된다.

☑ 택시승강장은 어디에 있습니까?

タクシー乗り場は どこですか。
타꾸시- 노리바와　　　　도꼬데스까

☐ 트렁크를 열어 주시겠어요?

トランクを 開けてください。
토랑꾸오　　　아께떼 구다사이

☐ (주소를 보이며) 이 주소로 가 주세요.

ここへ 行ってください。
고꼬에　　　잇떼 구다사이

☐ 도쿄돔으로 가 주세요.

東京ドームに 行ってください。
도-꾜-도-무니　　　잇떼 구다사이

☑ 서둘러 주시겠어요?

急いでいただけますか。
いそ

이소이데 이따다께마스까

☐ 가장 가까운 길로 가 주세요.

いちばん 近い道で 走ってください。
ちか みち はし

이찌반　　　치까이 미찌데　하싯떼 구다사이

☐ 좀더 천천히 가 주세요.

もっと ゆっくり 走ってください。
はし

못또 육꾸리　　　　하싯떼 구다사이

☐ 여기서 세워 주세요.

ここで 止めてください。
と

고꼬데　도메떼 구다사이

☐ 좀더 앞까지 가 주세요.

もう少し 先まで 行ってください。
すこ さき い

모- 스꼬시　사끼마데　잇떼 구다사이

☐ 여기서 기다려 주시겠어요?

ここで 待ってもらえませんか。
ま

고꼬데　맛떼 모라에마셍까

「～てもらえません
か」를 더욱 정중하게 말
할 때는 「～ていただけま
せんか」라고 한다.

☐ 얼마입니까?

おいくらですか。

오이꾸라데스까

Unit 2 버스를 이용할 때

시내를 자유롭게 이동하려면 시내버스가 싸고 편리하다. 요금은 대부분 정해져 있지만 지역에 따라 거리별로 다르게 책정된다. 버스를 이용하기 전에 노선도와 요금을 미리 확인하자.

☑ 어느 버스를 타면 됩니까?

どのバスに 乗れば いいですか。
도노 바스니　　　노레바 이-데스까

 ~に乗(の)る~을 타다

☐ 갈아타야 합니까?

乗り換えなければ なりませんか。
노리까에나께레바　　　나리마셍까

なければ なりませんか
하지 않으면 안 됩니까?

☐ 여기서 내려요.

ここで 降ります。
고꼬데　오리마스

☐ 버스 터미널은 어디에 있습니까?

バスターミナルは どこに ありますか。
바스타-미나루와　　　도꼬니　아리마스까

☐ 돌아오는 버스는 어디서 탑니까?

帰りのバスは どこから 乗るのですか。
가에리노 바스와　　도꼬까라　노루노데스까

☐ 도착하면 알려 주세요.

着いたら 教えてください。
쓰이따라　오시에떼 구다사이

「たら」는 앞서 배운 가정형의 「ば」와 거의 비슷하지만 용법에서 차이가 있다. 「ば」는 일반적인 사실을 나타내는 데에 비해, 「たら」는 개별적인 경우 등에 쓰인다

통신과 교통에 관한 표현

일본은 지상으로 달리는 열차를 덴샤(電車), 지하로 달리는 열차를 치카테쯔(地下鉄)로 구분한다. 일본의 대도시에는 지하철과 전철이 거미줄처럼 얽혀 있기 때문에 자신이 가고자 하는 목적지를 잘 선택해서 타야 한다. 잘 모를 경우에는 창구에서 물어보거나, 노선도를 잘 이용하면 편리한 교통수단이 될 것이다.

☑ 전철 노선도를 주시겠습니까?

電車の路線図を ください。

덴샤노 로센즈오　　　　구다사이

> 일본에서는 지하로 달리는 전동열차를 「地下鉄(ちかてつ)」라고 하고, 지상으로 달리는 전동열차를 「電車(でんしゃ)」라고 구분하여 부른다.

☐ 이 근처에 지하철역이 있습니까?

この近くに 地下鉄の駅は ありませんか。

고노 치까꾸니　치까떼즈노 에끼와　　아리마셍까

☐ 자동매표기는 어디에 있습니까?

切符販売機は どこですか。

깁뿌함바이끼와　　　도꼬데스까

☐ 신주쿠로 가려면 어느 선을 타면 됩니까?

新宿へ 行くには どの線に 乗ればいいですか。

신쥬꾸에　이꾸니와　도노센니　노레바 이-데스까

☐ 우에노공원으로 가려면 어디로 나가면 됩니까?

上野公園へ 行くには どこから 出たらいいですか。

우에노 코-엥에　이꾸니와　도꼬까라　데따라 이-데스까

☐ 어디서 갈아탑니까?

どこで 乗り換えるのですか。

도꼬데　노리까에루노데스까

대도시 주위를 운행하는 근거리 열차는 지하철이나 전철처럼 바로 표를 구입할 수 있지만, 신칸셍(新幹線), 신토카이셍(新東海道線), 도호쿠셍(東北線)과 같은 장거리 열차와 고속열차는 좌석을 미리 예약해 두어야 하며, 지정석은 추가요금을 지불해야 한다.

☑ 매표소는 어디입니까?

きっ ぷ う   ば
切符売り場は どこですか。

깁뿌우리바와　　　　도꼬데스까

☐ 오사카까지 편도 주세요.

おお さか   かた みち きっ ぷ
大阪までの 片道切符を ください。

오-사까마데노　　가따미찌 깁뿌오　구다사이

☐ 예약 창구는 어디입니까?

よ やく   まど ぐち
予約の 窓口は どこですか。

요야꾸노 마도구찌와　도꼬데스까

☐ 급행열차입니까?

きゅうこう れっ しゃ
急行列車ですか。

큐-꼬-렛샤데스까

☐ 3번 홈은 어디입니까?

ばん
3番ホームは どこですか。

삼방 호-무와　　　도꼬데스까

☐ 거기는 제 자리입니다.

わたし   せき
そこは 私の 席です。

소꼬와　　와따시노 세끼데스

Unit **5** 비행기를 이용할 때

항공기는 설령 예약을 해 두었더라도 여행지 또는 환승지에 3일 이상 체재하는 경우에는 출발 72시간 전에 다음 목적지까지의 예약을 항공사에 재확인해야 한다(reconfirm). 재확인을 하지 않으면 예약이 자동으로 취소되거나 예약이 되어 있지 않는 경우도 있다.

☑ 비행기 예약을 부탁합니다.

フライトの予約を お願いします。

후라이또노 요야꾸오   오네가이시마스

☐ 내일 홋카이도행 비행기 있습니까?

明日の 北海道行きの 便は ありますか。

아시따노   혹까이도 유끼노   빙와   아리마스까

☐ 일본항공 카운터는 어디입니까?

日本航空のカウンターは どこですか。

니홍코-꾸-노 카운따-와   도꼬데스까

☐ 지금 체크인할 수 있습니까?

今チェックインできますか。

이마 첵꾸인 데끼마스까

☐ 이 짐은 기내로 가지고 갑니다.

この荷物は 機内持ち込みです。

고노 니모쯔와   기나이 모찌꼬미데스

☐ 몇 번 출구로 나가면 됩니까?

何番ゲートに 行けば いいのですか。

남반게-또니   이께바   이-노데스까

216

Chapter 05

자동차를 운전할 때

여기서는 렌터카를 빌릴 때, 주유소(ガソリンスタンド)에서 기름을 넣을 때, 운전을 하면서 부딪치는 교통위반이나 사고, 주정차, 세차, 보험 등 운전에 관한 표현을 익히도록 했습니다. 사고가 났을 때 유용하게 쓸 수 있는 표현으로는 事故よ! 助けて!가 있습니다. 차를 빌려서 관광을 할 경우에는 우리와 교통의 흐름이 반대이므로 주의해서 운전을 해야 합니다. 따라서 운전석도 우리는 왼쪽에 있지만, 일본은 오른쪽에 있습니다.

Unit 1 렌터카를 이용할 때

렌터카를 빌릴 때는 여권과 국제면허증이 필요하다. 만일을 대비하여 보험도 잊지 말고 꼭 들어두자. 관광시즌에는 한국에서 출발하기 전에 미리 렌터카 회사에 예약을 해 두는 게 좋다. 신청할 때는 지불보증으로서 신용카드를 요구하는 경우가 많으므로 카드를 준비해 두자.

☑ (공항에서) 렌터카 카운터는 어디에 있습니까?

レンタカーの カウンターは どこですか。
렌따카ー노　　　카운따ー와　　　　　도꼬데스까

☐ 어느 정도 운전할 예정이십니까?

どのくらい ドライブする 予定^{よ てい}ですか。
도노쿠라이　　　도라이부스루　　　　요떼ー데스까

☐ 차를 3일간 빌리고 싶습니다.

車^{くるま}を 三日間^{みっ か かん} 借^かりたいです。
구루마오 믹까깡　　　가리따이데스

> 동사의 기본형에 「予定(よてい)だ」가 접속하면 「~할 예정이다」의 뜻으로 이미 확정된 예정을 나타낸다. 그러나 「つもりだ」가 접속하면 아직 확정되지 않은 예정을 말할 때 쓰인다.

☐ 이것이 제 국제운전면허증입니다.

これが 私^{わたし}の 国際運転免許証^{こく さい うん てん めん きょしょう}です。
고레가　　　와따시노 고꾸사이 운뗌 멩꾜쇼ー데스

☑ 어떤 차가 있습니까?

どんな 車が ありますか。

돈나 　　　구루마가 아리마스까

□ 렌터카 목록을 보여 주시겠어요?

レンタカーリストを 見せてもらえますか。

렌따카ー 리스또오 　　　미세떼 모라에마스까

□ 어떤 타입의 차가 좋으시겠습니까?

どのタイプの 車が よろしいですか。

도노 타이뿌노 　　　구루마가 요로시ー데스까

□ 중형차를 빌리고 싶은데요.

中型車を 借りたいのですが。

츄ー가따샤오 　가리따이노데스가

> 小型車 소형차 ↔ 大型車(おおがたしゃ) 대형차

□ 오토매틱밖에 운전하지 못합니다.

オートマチックしか 運転できません。

오ー또마칙꾸시까 　　　운뗀 데끼마셍

☑ 선불이 필요합니까?
前金が 必要ですか。
まえ きん　　ひつ よう
마에낑가　　히쯔요-데스까

☐ 보증금은 얼마입니까?
保証金は いくらですか。
ほ しょうきん
호쇼-낑와　　이꾸라데스까

☐ 1주간 요금은 얼마입니까?
一週間の 料金は いくらですか。
いっしゅうかん　　りょうきん
잇슈-깐노　　료-낑와　　이꾸라데스까

☐ 특별요금은 있습니까?
特別料金は ありますか。
とく べつりょうきん
토꾸베쯔료-낑와　아리마스까

☐ 그 요금에 보험은 포함되어 있습니까?
その料金に 保険は 含まれていますか。
りょうきん　　ほ けん　　ふく
소노 료-낀니　　호껭와　　후꾸마레떼 이마스까

☐ 종합보험을 들어 주십시오.
総合保険を かけてください。
そう ごう ほ けん
소-고-호껭오　　가께떼 구다사이

 保険をかける 보험을 들다

여기서는 주유소에서 기름을 넣을 때, 주정차, 세차 등의 표현을 익힌다. 차를 빌려서 관광을 할 경우에는 우리와 교통의 흐름이 반대이므로 주의해서 운전을 해야 한다. 따라서 운전석도 우리는 왼쪽에 있지만, 일본은 오른쪽에 있다.

☑ **긴급연락처를 알려 주시겠어요?**

緊急連絡先を 教えてください。

킹뀨-렌라꾸사끼오　오시에떼 구다사이

☐ **도로지도를 주시겠습니까?**

道路地図を いただけますか。

도-로치즈오　　이따다께마스까

☐ **닛코는 어느 길로 가면 됩니까?**

日光へは どの道を 行けば いいですか。

닛꼬-에와　　도노 미찌오　이께바 이-데스까

☐ **곧장입니까, 아니면 왼쪽입니까?**

まっすぐですか、それとも左ですか。

맛스구데스까　　　소레또모 히다리데스까

☐ **하코네까지 몇 킬로미터입니까?**

箱根まで 何キロですか。

하코네마데　낭키로데스까

☐ **차로 후지산까지 어느 정도 걸립니까?**

車で 富士山まで どのくらい かかりますか。

구루마데 후지삼마데　　도노쿠라이　　가까리마스까

☐ **가장 가까운 교차로는 어디입니까?**

いちばん 近い 交差点は どこですか。

이찌반　　치까이 코-사뗑와　　도꼬데스까

☑ **이 근처에 주유소가 있습니까?**

この近くに ガソリンスタンドは ありますか。

고노 치까꾸니　가소린스딴도와　　　　아리마스까

☐ **가득 넣어 주세요.**

満タンにしてください。

만딴니 시떼 구다사이

> 満タン 탱크에 가득 채움,
> タン은 タンク(tank)의 약어

☐ **선불입니까, 후불입니까?**

先払ですか、後払いですか。

사끼바라이데스까　아또바라이데스까

☐ **여기에 주차해도 됩니까?**

ここに 車を 駐車しても いいですか。

고꼬니　구루마오 츄ー샤시떼모　이ー데스까

☑ 배터리가 떨어졌습니다.

バッテリーが あがってしまいました。

밧떼리-가　　　　아갓떼 시마이마시따

□ 펑크가 났습니다.

バッテリーがあがる
배터리가 떨어지다(다 닳다)

パンクしました。

팡꾸시마시따

□ 시동이 걸리지 않습니다.

エンジンが かからないんです。

엔징가　　　　가까라나인데스

エンジンをかける
시동을 걸다

□ 브레이크가 잘 안 듣습니다.

ブレーキのききが あまいです。

부레-끼노 기끼가　　　　아마이데스

ブレーキをかける
브레이크를 걸다

□ 고칠 수 있습니까?

しゅう り
修理できますか。

슈-리 데끼마스까

□ 차를 돌려드리겠습니다.

くるま　　かえ
車を 返します。

구루마오 가에시마스

PART

7

여행과 출장에 관한 표현

일본으로 여행은 그 자체만으로 가슴을 설레게 합니다. 막연하게 아무런 준비 없이 여행이나 출장을 떠나는 것보다는 기본적인 일본어 회화를 익혀두어야 함은 물론이고, 또한 여행 계획을 잘 짜두어야 훨씬 안전하고 즐거운 여행을 할 수 있습니다. 따라서 여기서는 여행시 필요한 숙박, 쇼핑, 관광 등에 관한 다양한 표현을 익히도록 하였습니다.

Chapter 01

출국 비행기 안에서

한국 출발의 항공회사(airline/carrier)의 편(flight)에는 대개 한국인 승무원이 탑승하고 있어서 말이 통하지 않아도 큰 불편은 없습니다. 비행기를 처음 타거나 배정된 좌석을 찾기 힘들 땐 항상 항공사 스튜어디스에게 도움을 청하면 됩니다. 만약 외국비행기에 탑승했을 경우 의사소통이 어렵더라도 좌석권을 스튜어디스에게 보여 주기만 하면 직원들이 알아듣고 서비스를 제공해 줍니다. 승무원을 호출할 때 호출버튼을 이용하여 스튜어디스를 호출하면 됩니다.

Unit 1 기내 서비스를 받을 때

출국심사를 마치고 비행기에 탑승하면 이제 한국 땅을 떠나게 된다. 국제선의 기내는 그 항공사가 소속하는 나라의 영토 취급을 한다. 한국 출발의 외국 항공회사(airline/carrier)의 편(flight)에는 대개 한국인 승무원이 탑승하고 있어서 말이 통하지 않아 불편한 점은 그다지 없다.

☑ **어떤 음료가 있습니까?**

どんな 飲み物が ありますか。
돈나　　노미모노가　　아리마스까

☐ **맥주를 주시겠습니까?**

ビールを いただけますか。
비-루오　　이따다께마스까

상대에게 요구를 할 때 직접적인 「ください」를 쓰는 것보다 완곡하게 「いただけますか」를 쓰는 것이 훨씬 정중한 표현이 된다.

☐ **베개와 모포를 주세요.**

枕と 毛布を ください。
마꾸라또 모-후오 구다사이

☐ **식사는 언제 나옵니까?**

食事は いつ 出ますか。
쇼꾸지와　　이쯔　　데마스까

입국카드를 비행기에서 미리 작성해 두면 입국심사를 받을 때 별다른 질문을 받지 않고도 통과할 수 있으므로 기내에서 작성해 두는 것이 좋다. 또한 선물용으로 면세품을 기내에서 구입할 수 있으므로 미리 사 두는 게 좋다.

☑ 이것은 입국카드입니까?

これは 入国カードですか。

고레와　뉴―꼬꾸 카―도데스까

□ 이 서류 작성법을 가르쳐 주시겠어요?

この書類の 書き方を 教えてください。

고노 쇼루이노　가키까따오　오시에떼 구다사이

□ 기내에서 면세품을 판매합니까?

免税品を 機内販売していますか。

멘제―힝오　기나이 함바이 시떼 이마스까

□ 어떤 담배가 있습니까?

どんな タバコが ありますか。

돈나　다바꼬가　아리마스까

□ (면세품 사진을 가리키며) 이것은 있습니까?

これは ありますか。

고레와　아리마스까

> 이 표현은 면세품 카탈로그를 보면서 물건을 구입할 때 쓰는 표현이다.

☑ 비행기 멀미약은 있습니까?
飛行機酔いの薬は ありますか。
<ruby>飛<rt>ひ</rt>行<rt>こう</rt>機<rt>き</rt>酔<rt>よ</rt></ruby>いの<ruby>薬<rt>くすり</rt></ruby>は ありますか。
히꼬―끼요이노 구스리와　　　아리마스까

☐ 좀 몸이 불편합니다. 약을 주시겠어요?
少し 気分が 悪いのです。何か 薬を ください。
<ruby>少<rt>すこ</rt></ruby>し <ruby>気<rt>き</rt>分<rt>ぶん</rt></ruby>が <ruby>悪<rt>わる</rt></ruby>いのです。<ruby>何<rt>なん</rt></ruby>か <ruby>薬<rt>くすり</rt></ruby>を ください。
스꼬시 기붕가　　와루이노데스　　낭까　구스리오 구다사이

☐ 추운(더운)데요.
寒い(暑い)のですが。
<ruby>寒<rt>さむ</rt></ruby>い(<ruby>暑<rt>あつ</rt></ruby>い)のですが。
사무이(아쯔이)노데스가

☐ 아까 부탁한 물이 아직 안 나왔습니다.
先ほど 頼んだ 水が まだです。
<ruby>先<rt>さき</rt></ruby>ほど <ruby>頼<rt>たの</rt></ruby>んだ <ruby>水<rt>みず</rt></ruby>が まだです。
사끼호도　다논다　미즈가　마다데스

☐ 헤드폰 상태가 안 좋습니다.
ヘッドホーンの調子が 悪いです。
ヘッドホーンの<ruby>調<rt>ちょう</rt>子<rt>し</rt></ruby>が <ruby>悪<rt>わる</rt></ruby>いです。
헷도호―ㄴ노 쵸―시가　　와루이데스

☐ 비행은 예정대로입니까?
フライトは 時間どおりですか。
フライトは <ruby>時<rt>じ</rt>間<rt>かん</rt></ruby>どおりですか。
후라이또와　　지깐 도―리데스까

한일공동승차권(직행표)으로 서울 및 전국 주요 도시에서 철도 → 부산 → 부관훼리 →
시모노세키 → 신간선(신깐센) → 도쿄 및 전국 주요 도시까지 경제적이고 편리한 일본여
행 루트를 이용할 수 있다.

☑ **(승선권을 보이며) 제 선실은 어딘가요?**

　　私の 船室は どこですか。

　와따시노 센시쯔와　도꼬데스까

☐ **어느 것이 제 침구입니까?**

　　どれが 私の 寝具ですか。

　도레가　　와따시노 싱구데스까

☐ **매점은 어디에 있습니까?**

　　売店は どこに ありますか。

　바이뗑와　　도꼬니　　아리마스까

☐ **식당은 있습니까?**

　　食堂は ありますか。

　쇼꾸도-와　아리마스까

☐ **뱃멀미가 납니다.**

　　船酔いにかかりました。

　후나요이니 가까리마시따

☐ **(뱃멀미로) 토할 것 같습니다.**

　　吐きそうです。

　하끼소-데스

Chapter 02

공항에 도착해서

여행 목적지에 도착해서 세관통과와 입국심사를 받을 때 주고받는 대화 등에 대해서 예비지식을 갖출 필요가 있습니다. 外国人이라고 표시한 곳에 줄을 서서 여권과 출입국신고서를 제출하면 입국심사에서는 여권 및 비자의 유효기간을 검사하고 입국목적, 체류 기간 등을 묻습니다. 그러나 미리 출입국신고서에 방문목적, 체류 기간, 묵을 곳의 주소, 이름, 전화 등을 정확히 기재하면 별도의 질문을 받지 않습니다. 입국허가 스탬프를 받고 세관검사를 받게 됩니다.

Unit 1 입국심사를 받을 때

外国人이라고 표시한 곳에 줄을 서서 여권과 출입국신고서를 제출하면 입국심사에서는 여권·비자의 유효기간을 검사하고 입국목적, 체재기간 등을 묻는다. 미리 출입국신고서에 방문목적, 체류 기간, 묵을 곳의 주소, 이름, 전화 등을 정확히 기재하면 별도의 질문을 받지 않아도 된다.

☑ 입국 목적은 무엇입니까?

入国の 目的は 何ですか。
にゅう こく　もく てき　なん
뉴ー꼬꾸노　목떼끼와　난데스까

訪問(ほうもん)の 目的
(もくてき) 방문 목적

☐ 얼마나 체류하십니까?

何日間の 滞在ですか。
なん にち かん　たい ざい
난니찌깡노　타이자이데스까

☐ 어디에 머무십니까?

どこに 滞在しますか。
たい ざい
도꼬니　타이자이시마스까

☐ (메모를 보이며) 숙박처는 이 호텔입니다.

宿泊先は この ホテルです。
しゅく はく さき
슈꾸하꾸사끼와 고노　호떼루데스

228

입국심사가 끝나면 ターンテーブル가 있는 곳으로 가서 자신이 타고 온 항공사와 편명이 표시된 턴테이블로 짐이 나오므로 그 주위에서 기다렸다 찾으면 된다.

☑ **짐은 어디서 찾습니까?**

手荷物は どこで 受け取りますか。
てにもつ　　　　　う　と

테니모쯔와　　　도꼬데　　우께또리마스까

☐ **이건 714편 턴테이블입니까?**

これは 714便の ターンテーブルですか。
びん

고레와　　　나나햐꾸쥬-욘빈노 타-ㄴ테-부르데스까

☐ **714편 짐은 나왔습니까?**

714便の 荷物は もう 出てきましたか。
びん　　　にもつ　　　　で

나나햐꾸 쥬-욘빈노 니모쯔와 모- 데떼 키마시따까

☐ **제 짐이 보이지 않습니다.**

私の 手荷物が 見つかりません。
わたし　てにもつ　み

와따시노 데니모쯔가　　미쯔까리마셍

☐ **이게 수화물인환증입니다.**

これが 手荷物引換証です。
てにもつひきかえしょう

고레가　　데니모쯔 히끼까에쇼-데스

☐ **당장 보상해 주세요.**

当座の 補償を してください。
とうざ　ほしょう

도-자노　　호쇼-오　시떼 구다사이

자신의 짐을 다 찾은 후에는 세관 카운터 앞으로 가서 직원에게 짐과 여권을 건네준다. 배낭을 든 여행자의 경우에는 대부분 그냥 통과할 수 있다. 세관 신고 때 짐을 열어보는 경우는 거의 없지만, 만약 과세 대상이 있어도 신고를 하지 않았다가 적발될 경우에는 압류를 당하거나 무거운 벌금을 물게 되므로 주의한다.

☑ 여권과 신고서를 보여 주십시오.

パスポートと 申告書を 拝見します。

파스뽀ー또또　　싱꼬꾸쇼오　　하이껜시마스

> 「拝見(はいけん)する」는
> 「見(み)る」의 겸양어이다.

☐ 세관신고서는 가지고 계십니까?

税関申告書を お持ちですか。

제ー깐싱꼬꾸쇼오　　오모찌데스까

☐ 신고할 것은 있습니까?

申告するものは ありますか。

싱꼬꾸스루 모노와　　아리마스까

☐ 이 가방을 열어 주십시오.

このバッグを 開けてください。

고노 박구오　　아께떼 구다사이

☐ 내용물은 무엇입니까?

中身は 何ですか。

나까미와　　난데스까

☐ 이건 과세 대상이 됩니다.

これは 課税対象となります。

고레와　　가제ー타이쇼ー또 나리마스

230

☑ 관광안내소는 어디에 있습니까?

観光案内所は どこですか。
かんこうあんないじょ

캉꼬-안나이죠와　　　도꼬데스까

☐ 시가 지도와 관광 팸플릿을 주시겠어요?

市街地図と 観光パンフレットを ください。
しがいちず　　　かんこう

시가이치즈또　　　캉꼬- 팡후렛또오　　　구다사이

☐ 매표소는 어디에 있습니까?

切符売場は どこですか。
きっぷうりば

깁뿌우리바와　　　도꼬데스까

☐ 호텔 리스트는 있습니까?

ホテルリストは ありますか。

호떼루리스또와　　　아리마스까

☐ 여기서 렌터카를 예약할 수 있습니까?

ここでレンタカーの 予約が できますか。
よやく

고꼬데 렌따카-노　　　요야꾸가　　데끼마스까

☑ 포터를 찾고 있습니다.

ポーターを 探^{さが}しています。

포ー따ー오　　　　사가시떼 이마스

☐ 이 짐을 택시승강장까지 옮겨 주세요.

この荷物^{にもつ}を タクシー乗^のり場^ばまで 運^{はこ}んでください。

고노 니모쯔오　　타꾸시ー 노리바마데　　　　하꼰데 구다사이

☐ 이 짐을 버스정류소까지 옮겨 주세요.

この荷物^{にもつ}を バス乗^のり場^ばまで 運^{はこ}んでください。

고노 니모쯔오　　바스 노리바마데　　　　하꼰데 구다사이

☐ 카트는 어디에 있습니까?

カートは どこに ありますか。

카ー또와　　　도꼬니　　아리마스까

☐ 짐을 호텔로 보내 주세요.

荷物^{にもつ}を ホテルに 届^{とど}けてください。

니모쯔오　호떼루니　　토도께떼 구다사이

Chapter 03

호텔을 이용할 때

호텔의 예약과 체크인, 프런트나 보이와의 대화에서 지불을 마치고 체크아웃할 때까지 일본을 여행하면서 관광을 즐기는 데 필요한 표현을 익히도록 합시다. 호텔에 도착하면 프런트에 가서 予約しましたが라며 이름을 말하고 예약을 확인합니다. 호텔에 머물면서 필요한 것을 부탁하고자 할 때는 …をお願いします라고 하면 됩니다. 호텔에는 안내문 및 룸서비스에 대한 세부사항이 적힌 리스트가 놓여 있는데 이것을 잘 이용하도록 합시다.

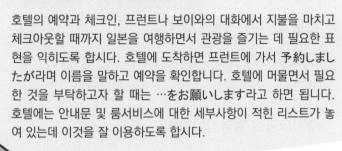

Unit 1 관광안내소에서 호텔을 예약할 때

호텔을 현지에서 찾을 때는 공항이나 시내의 観光案内所(Tourist Information)에서 물어보도록 하자. 예약을 해 주는 곳도 있기는 하지만, 우선 가능하면 한국에서 출발하기 전에 예약을 해 두는 것이 좋다. 예약할 때는 요금, 입지, 치안 등을 고려해서 정하도록 하자.

☑ 여기서 호텔 예약할 수 있습니까?

ここで ホテルの 予約が できますか。
고꼬데 호떼루노　　　요야꾸가　　데끼마스까

☐ 공항까지 데리러 옵니까?

空港まで 迎えに 来てくれますか。
쿠―꼬―마데　무까에니　기떼 구레마스까

> 동사의 중지형에 조사 「に」를 접속하고 이동을 나타내는 동사 「行(い)く、来(く)る、帰(かえ)る」 등이 오면 「~하러」의 뜻으로 동작의 목적을 나타낸다.

☐ 그 호텔은 어디에 있습니까?

そのホテルは どこに ありますか。
소노 호떼루와　　　도꼬니　　아리마스까

☐ 다른 호텔을 소개해 주십시오.

他のホテルを 紹介してください。
호까노 호떼루오　　쇼―까이시떼 구다사이

☑ **오늘 밤, 빈방 있습니까?**

今夜、空き部屋は ありますか。

공야　아끼베야와　　아리마스까

☐ **숙박요금은 얼마입니까?**

宿泊料金は おいくらですか。

슈꾸하꾸료-낑와　오이꾸라데스까

☐ **1박에 얼마입니까?**

一泊 いくらですか。

입빠꾸　이꾸라데스까

> 「一泊(いっぱく) 三泊(さんぱく)
> 六泊(ろっぱく) 八白(はっぱく)
> 十泊(じっぱく)」의 발음에 주의한다.

☐ **요금에 조식은 포함되어 있나요?**

料金に 朝食は 含まれていますか。

료-낀니　쵸-쇼꾸와　후꾸마레떼 이마스까

☐ **예약을 하고 싶은데요.**

予約を したいのですが。

요야꾸오　시따이노데스가

☐ **몇 박을 하실 겁니까?**

何泊なさいますか。

남빠꾸 나사이마스까

호텔의 체크인 시각은 보통 오후 2시부터이다. 호텔 도착 시간이 오후 6시를 넘을 때는 예약이 취소되는 경우도 있으므로 늦을 경우에는 호텔에 도착시간을 전화로 알려두는 것이 좋다. 방의 형태, 설비, 요금, 체재 예정 등을 체크인할 때 확인하도록 하자.

☑ **예약은 하셨습니까?**

予約は されていますか。

요야꾸와　사레떼 이마스까

☐ **예약은 한국에서 했습니다.**

予約は 韓国で 済ませました。

요야꾸와　캉꼬꾸데　스마세마시다

☐ **아직 예약을 하지 않았습니다.**

まだ 予約は していません。

마다　요야꾸와　시떼 이마셍

☐ **오늘밤 빈방은 있습니까?**

今夜、空き部屋は ありますか。

공야　아끼베야와　　아리마스까

☐ **성함을 말씀하십시오.**

お名前を どうぞ。

오나마에오　도-조

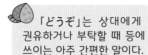

「どうぞ」는 상대에게 권유하거나 부탁할 때 등에 쓰이는 아주 간편한 말이다.

✓ 조용한 방으로 부탁합니다.
静かな 部屋を お願いします。
시즈까나　헤야오　오네가이 시마스

☐ 전망이 좋은 방으로 부탁합니다.
眺めのいい部屋を お願します。
나가메노 이- 헤야오　오네가이 시마스

☐ 좀더 좋은 방은 없습니까?
もっと よい部屋は ありませんか。
못또　요이 헤야와　아리마셍까

☐ 좀더 큰 방으로 바꿔 주세요.
もう少し 大きい部屋に かえてください。
모- 스꼬시 오-끼- 헤야니　가에떼 구다사이

☐ 숙박카드에 기입해 주십시오.
宿泊カードに ご記入ください。
슈꾸하꾸 카-도니　고키뉴- 구다사이

☐ 귀중품을 보관해 주시겠어요?
貴重品を 預かってもらえますか。
기쵸힝오　아즈깟떼 모라에마스까

☑ **다시 한번 확인해 주시겠어요?**

もう一度 調べていただけますか。

모- 이찌도　시라베떼 이따다께마스까

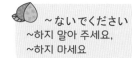

~ていただけますか
~해 주실 수 있습니까?,
~해 주시겠습니까?

☐ **예약을 취소하지 마세요.**

予約を 取り消さないでください。

요야꾸오　도리께사나이데 구다사이

~ないでください
~하지 말아 주세요,
~하지 마세요

☐ **(예약되어 있지 않을 때) 다시 한번 제 예약을 확인해 주십시오.**

もう一度私の予約を 調べてください。

모- 이찌도 와따시노 요야꾸오　시라베떼 구다사이

☐ **방을 취소하지 않았습니다.**

部屋を キャンセルしていません。

헤야오　　칸세루시떼 이마셍

☐ **다른 호텔을 찾으십시오.**

ほかの ホテルを 探してください。

호까노　　호떼루오　　사가시떼 구다사이

방에 도착하면 짐을 가져다 준 보이에게 팁을 준다. 방의 설비에 대해서 모르는 점이 있으면 그때 물어보도록 하자. 요즘 호텔에서는 자동으로 모닝콜을 하는 곳이 많다. 조작을 모를 때는 프런트에 연락을 하고, 서구의 호텔 방에는 슬리퍼가 없으므로 준비해 가도록 하자.

☑ **룸 서비스를 부탁합니다.**

ルームサービスを お願いします。

루-무사-비스오　　　　오네가이시마스

☐ **내일 아침 8시에 아침을 먹고 싶은데요.**

明日の朝 8時に 朝食を 食べたいのですが。

아시따노 아사　하찌지니　쵸-쇼꾸오 다베따이노데스가

☐ **세탁 서비스는 있습니까?**

洗濯のサービスは ありますか。

센따꾸노 사-비스와　　　　아리마스까

☐ **모닝콜을 부탁합니다.**

モーニングコールを お願いします。

모-닝구코-루오　　　　오네가이시마스

☐ **방 번호를 말씀하십시오.**

お部屋番号を どうぞ。

오헤야 방고-오　　　도-조

☐ **한국으로 전화를 하고 싶은데요.**

韓国に 電話を かけたいのですが。

캉꼬꾸니　뎅와오　가께따이노데스가

☑ **(노크하면) 누구십니까?**

どなたですか。
도나따데스까

☐ **잠시 기다리세요.**

ちょっと 待^まってください。
촛또　　　　맛떼 구다사이

☐ **들어오세요.**

お入^{はい}りください。
오하이리 구다사이

> 요구를 나타내는 「~てください」를 더욱 정중하게 말할 때는 「お+동사의 중지형+ください」로 표현한다.

☐ **이건 팁입니다.**

これは チップです。
고레와　　칩뿌데스

호텔 내의 시설이나 설비, 서비스 내용은 체크인할 때 확인해 두도록 하자. 예약이나 트러블, 문의 사항은 대부분 프런트 데스크에 부탁하면 해결해 주지만, 클리닝, 룸서비스 등의 내선번호는 방에 준비되어 있는 안내서에 적혀 있다.

☑ 자판기는 있습니까?

自動販売機は ありますか。
지도−함바이끼와　아리마스까

☐ 식당은 어디에 있습니까?

食堂は どこですか。
쇼꾸도−와　도꼬데스까

☐ 바는 언제까지 합니까?

バーは いつまで 開いていますか。
바−와　이쯔마데　아이떼 이마스까

☐ 이메일을 체크하고 싶은데요.

メールを チェックしたいのですが。
메−루오　첵꾸시따이노데스가

☐ 팩스는 있습니까?

ファックスは ありますか。
확꾸스와　아리마스까

☐ 여기서 관광버스 표를 살 수 있습니까?

ここで 観光バスの チケットを 買えますか。
고꼬데　캉꼬−바스노　치껫또오　가에마스까

Unit **9** 호텔에서의 트러블

호텔 방이 100% 안전하다고 과신해서는 안 된다. 비품이 제대로 갖추어져 있지 않거나 불의의 사고로 다치거나, 종업원을 가장해 방에 들어와 물건을 훔치는 경우도 적지 않다. 문제가 발생했을 때는 그냥 넘어가지 말고 반드시 프런트 데스크에 연락을 취해 해결하 도록 하자.

☑ **문이 잠겨 방에 들어갈 수 없습니다.**

鍵が かかって 部屋に 入れないんです。
카기가 가깟떼   헤야니   하이레나인데스

> 「入れる」는 「入(は い)る」의 가능형이다.

☐ **열쇠를 방에 두고 나왔습니다.**

鍵を 部屋に 忘れました。
카기오 헤야니   와스레마시다

☐ **카드키는 어떻게 사용하죠?**

カードキーは どうやって 使うのでしょう?
카ー도키ー와   도ー얏떼   쓰까우노데쇼ー

☐ **방 번호를 잊어버렸습니다.**

部屋の 番号を 忘れました。
헤야노 방고ー오   와스레마시따

> どうやって 어떻게 해 서, 어떻게, 어떤 방법으로

☐ **옆방이 무척 시끄럽습니다.**

となりの部屋が とても うるさいんです。
도나리노 헤야가   도떼모   우루사인데스

☐ **뜨거운 물이 나오지 않는데요.**

お湯が 出ないのですが。
오유가   데나이노데스가

 お湯 뜨거운 물, 水(み ず) 물의 총칭, 차가운 물

Part 7 여행과 출장에 관한 표현

아침 일찍 호텔을 떠날 때는 가능하면 전날 밤 짐을 꾸려 다음날 아침 짐을 가지러 오도록 미리 벨캡틴에게 부탁해 두면 좋다. 택시를 부르거나 공항버스 시각을 알아두고 체크아웃 예약도 전날 밤 해 두면 편하게 출발할 수 있다.

☑ **체크아웃은 몇 시입니까?**

チェックアウト タイムは 何時ですか。

체꾸아우또　　　　타이무와　　　난지데스까

□ **몇 시에 떠날 겁니까?**

ご出発は 何時ですか。

고슛빠쯔와　　난지데스까

□ **하룻밤 더 묵고 싶은데요.**

もう 一泊したいのですが。

모－　입빠꾸 시따이노데스가

□ **하루 일찍 떠나고 싶은데요.**

一日早く 発ちたいのですが。

이찌니찌 하야꾸 다찌따이노데스가

□ **오후까지 방을 쓸 수 있나요?**

午後まで 部屋を 使えますか。

고고마데　　헤야오　　쓰까에마스까

> 「使える」는 「使(つ か)う」의 가능형이다.

□ **오전 10시에 택시를 불러 주세요.**

午前 10時に タクシーを 呼んでください。

고젠　　쥬－지니　타꾸시－오　　욘데 구다사이

242

여행을 마치고 카운터로 체크아웃하러 가기 전에 방을 나갈 때는 잃은 물건이 없는지 확인하도록 하자. 카운터에 맡긴 물건이 있으면 반드시 수취한다.

☑ (전화로) 체크아웃을 하고 싶은데요.

チェックアウトを したいのですが。
첵꾸아우또오　시따이노데스가

□ 1234호실 홍길동입니다.

1234号室の ホンギルドンです。
센니햐꾸 산쥬-용　고-시쯔노 홍기루동데스

□ 포터를 보내 주세요.

ポーターを お願いします。
뽀-따오　오네가이시마스

□ 맡긴 귀중품을 꺼내 주세요.

預けておいた 貴重品を 出してください。
아즈께떼 오이따　기쵸힝오　다시떼 구다사이

□ 출발할 때까지 짐을 맡아 주시겠어요?

出発まで 荷物を 預かってもらえますか。
슛빠쯔마데　니모쯔오　아즈깟떼 모라에마스까

□ 방에 물건을 두고 나왔습니다.

部屋に 忘れ物を しました。
헤야니　와스레모노오　시마시다

☑ **계산을 부탁합니다.**

かいけい ねが
会計を お願いします。

카이께-오 오네가이시마스

☐ **신용카드도 됩니까?**

し はら
クレジットカードで 支払いできますか。

쿠레짓또카-도데　　　시하라이 데끼마스까

☐ **여행자수표도 됩니까?**

し はら
トラベラーズチェックで 支払いできますか。

토라베라-즈첵꾸데　　　　시하라이 데끼마스까

☐ **전부 포함된 겁니까?**

ぜん ぶ こ
全部込みですか。

젬부 꼬미데스까

☐ **계산이 틀린 것 같은데요.**

けい さん ちが
計算違いが あるようです。

케-산치가이가　　아루요-데스

☐ **고맙습니다. 즐겁게 보냈습니다.**

かい てき たい ざい
ありがとう。快適な 滞在でした。

아리가또-　　　카이떼끼나 타이자이데시따

Chapter 04 식당을 이용할 때

식당을 이용할 때 우선 종업원의 안내에 따라 테이블이 정해지면 주문을 합니다. 메뉴를 보고 싶을 때는 종업원에게 メニューを見せてくれますか라고 하고, 주문할 요리가 정해지면 메뉴를 가리키며 これをください라고 하면 됩니다. 주문한 것과는 다른 요리가 나왔을 때는 これは注文したのと違いますよ라고 합니다.

Unit 1 식당을 찾을 때

일본요리를 맛볼 수 있는 곳은 고급 레스토랑에서 저렴한 대중음식점에 이르기까지 다양하므로 자신의 취향대로 가면 된다. 일본의 대중식당의 경우 보통 바깥 쇼윈도우에 모형음식이 전시되어 있다. 일본요리는 우리와 거의 비슷한 재료를 사용해서 요리를 하지만, 대체로 맛이 달고 싱겁다.

☑ 이 근처에 맛있게 하는 음식점은 없습니까?

この近くに おいしい レストランは ありませんか。
고노 치까꾸니　오이시- 레스또랑와　　　　아리마셍까

☐ 이곳에 한국 식당은 있습니까?

この町に 韓国レストランは ありますか。
고노 마찌니 캉꼬꾸 레스또랑와　　　아리마스까

 일본에서는 우리가 흔히 말하는 食堂(しょくどう)은 구내식당을 말한다.

☐ 식당이 많은 곳은 어디입니까?

レストランが 多いのは どの辺りですか。
레스또랑가　　　오-이노와　　도노 아따리데스까

地元(じもと) 그 토지, 관계있는 지역, 자기가 살고 있는 지구

☐ 이곳 사람들이 많이 가는 식당이 있습니까?

地元の人が よく行く レストランは ありますか。
지모또노 히또가　요꾸 이꾸 레스또랑와　　　아리마스까

Part 7 여행과 출장에 관한 표현

말이 잘 통하지 않더라도 대부분의 식당이 메뉴와 함께 그 요리에 관한 사진이 있으므로 메뉴를 보면 그 요리 내용을 대충 알 수 있다. 메뉴를 보고 싶을 때는 종업원에게 メニューを 見せてくれますか라고 한다.

☑ **메뉴 좀 보여 주세요.**

メニューを 見^みせてください。

메뉴-오   미세떼 구다사이

☐ **메뉴에 대해서 가르쳐 주세요.**

メニューについて 教^{おし}えてください。

메뉴-니 쓰이떼   오시에떼 구다사이

☐ **이 지방의 명물요리는 있습니까?**

この地方^{ち ほう}の 名物料理^{めい ぶつりょう り}は ありますか。

고노 치호-노   메-부쯔료-리와   아리마스까

☐ **무엇을 권하시겠습니까?**

何^{なに}が おすすめですか。

나니가   오스스메데스까

☐ **나중에 다시 오실래요?**

また あとで 来^きてもらえますか。

마따   아또데   기떼 모라에마스까

주문할 요리가 정해지면 메뉴를 가리키며 これを ください라고 하면 일본어를 모르더라도 종업원은 금방 알아차리고 요리 주문을 받을 수 있다.

☑ (웨이터) 주문하시겠습니까?

ご注文を おうかがいできますか。

고츄-몽오　　　오우까가이 데끼마스까

☐ (웨이터를 부르며) 주문받으세요.

注文を したいのですが。

츄-몽오　　　시따이노데스가

☐ (웨이터) 음료는 무엇으로 하시겠습니까?

飲み物は 何に なさいますか。

노미모노와　　　나니니 나사이마스까

☐ 여기서 잘하는 요리는 무엇입니까?

ここの 自慢料理は 何ですか。

고꼬노　　　지만료-리와　　　난데스까

☐ (메뉴를 가리키며) 이것과 이것으로 주세요.

これと これを お願いします。

고레또　　　고레오　　　오네가이시마스

☐ 이것은 무슨 요리입니까?

これは どういう 料理ですか。

고레와　　　도-이우　　　료-리데스까

☑ 먹는 법을 가르쳐 주시겠어요?

食べ方を 教えてください。
<small>た　　かた　　　　おし</small>

다베까따오　　오시에떼 구다사이

~たら いいですか
~하면 좋을까요?

☐ 이건 어떻게 먹으면 됩니까?

これは どうやって 食べたら いいですか。
<small>　　　　　　　　　　　た</small>

고레와　　도-얏떼　　　다베따라　　　이-데스까

☐ 이 고기는 무엇입니까?

この お肉は 何ですか。
<small>　　にく　　なん</small>

고노　　오니꾸와　난데스까

☐ 이것은 재료로 무엇을 사용한 겁니까?

これは 材料に 何を 使っているのですか。
<small>　　　ざいりょう　なに　　つか</small>

고레와　　자이료-니　나니오 쓰깟떼 이루노데스까

Unit **5** 필요한 것을 부탁할 때

식사 도중에 종업원을 부를 때는 「すみません (여보세요)」라고 하며, 음식이나 음료를
추가로 더 시킬 때는 손으로 가리키며 「おかわり どうぞ」라고 하면 됩니다.

☑ **빵을 좀 더 주세요.**
もう少し パンを ください。
모- 스꼬시 팡오　　구다사이

☐ **물 한 잔 주세요.**
水を 一杯 ください。
미즈오　입빠이　구다사이

☐ **소금 좀 갖다 주시겠어요?**
塩を いただけますか。
시오오　이따다께마스까

> 塩(しお) 소금, 砂糖(さとう)
> 설탕, 胡椒(こしょう) 후추, 醤油
> (しょうゆ) 간장

☐ **젓가락을 떨어뜨렸습니다.**
箸を 落としてしまいました。
하시오　오또시떼 시마이마시따

> ~てしまう ~해버리다
> (동작의 완료를 나타냄)

☐ **~를 하나 더 주세요.**
～おかわりお願いします。
오까와리 오네가이 시마스

Part 7

여행과 출장에 관한 표현

249

☑ 디저트를 주세요.

デザートを ください。
데자-또오　구다사이

☐ 디저트는 뭐가 있나요?

デザートは 何_{なに}が ありますか。
데자-또와　나니가　아리마스까

☐ 이걸 치워주시겠어요?

これを 下_さげてください。
고레오　사게떼 구다사이

☐ 맛있는데요!

これは おいしいです。
고레와　오이시-데스

☐ (동석한 사람에게) 담배를 피워도 되겠습니까?

タバコを 吸<sub>す</sub ってもいいですか。
다바꼬오　숫떼모 이-데스까

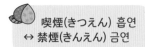
喫煙(きつえん) 흡연
↔ 禁煙(きんえん) 금연

☑ 주문한 게 아직 안 나왔습니다.

注^{ちゅうもん}文した ものが 来^きていません。

츄-몬시따　모노가　기떼 이마셍

☐ 어느 정도 기다려야 합니까?

どのくらい 待^まちますか。

도노쿠라이　마찌마스까

☐ 아직 시간이 많이 걸립니까?

まだ だいぶ 時^じ間^{かん}が かかりますか。

마다　다이부　지깡가　가까리마스까

☐ 조금 서둘러 주겠어요?

少^{すこ}し 急^{いそ}いでくれませんか。

스꼬시 이소이데 구레마셍까

☑ 이건 주문하지 않았는데요.

これは 注文していませんが。

고레와   쥬-몬시떼 이마셍가

☐ 주문을 확인해 주겠어요?

注文を 確かめてください。

쥬-몽오   다시까메떼 구다사이

☐ 주문을 취소하고 싶은데요.

注文を キャンセルしたいのですが。

쥬-몽오   칸세루 시따이노데스가

☐ 주문을 바꿔도 되겠습니까?

注文を 変えても いいですか。

쥬-몽오   가에떼모   이-데스까

☐ 글라스가 더럽습니다.

グラスが 汚れています。

구라스가   요고레떼 이마스

☐ 새 것으로 바꿔 주세요.

新しいのと 取り替えてください。

아따라시-노또   도리까에떼 구다사이

테이블에 앉을 때는 오른손으로 의자를 잡아당겨 왼쪽에서 앉는다. 테이블에는 각 담당의 웨이터가 정해져 있으므로 무언가를 부탁하거나 식사 중에 문제가 발생하면 먼저 담당 웨이터를 부른다. 식사 중에 나이프나 포크를 떨어뜨렸으면 자신이 줍지 말고 웨이터를 불러 다시 가져오도록 한다.

☑ **수프에 뭐가 들어있습니다.**

スープに 何か 入っています。

수-뿌니　　나니까　하잇떼 이마스

☐ **요리가 덜 된 것 같네요.**

ちょっと 火が 通っていないようですが。

촛또　　　　히가　　도옷떼 이나이 요-데스가

☐ **이 요리를 데워 주세요.**

この料理を 温めてください。

고노 료-리오　　　아따따메떼 구다사이

☐ **너무 많아서 먹을 수 없습니다.**

ちょっと 多すぎて 食べられません。

촛또　　　　오-스기떼　　다베라레마셍

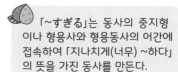
「~すぎる」는 동사의 중지형이나 형용사와 형용동사의 어간에 접속하여 「지나치게(너무) ~하다」의 뜻을 가진 동사를 만든다.

식사가 끝나면 손을 들어서 すみません이라고 웨이터나 웨이트리스를 불러 お勘定を
お願いします라고 계산서를 부탁한다. 계산서에 세금과 봉사료가 포함되어 있는 경우에
팁은 필요 없다. 신용카드로 계산을 하고 싶을 때는 クレジットカードで 支払えますか라
고 하면 된다.

☑ **여기서 지불할 수 있나요?**

ここで 払えますか。

고꼬데　하라에마스까

□ **따로따로 지불하고 싶은데요.**

別々に 支払いを したいのですが。

베쯔베쯔니 시하라이오　시따이노데스가

> 割(わ)り勘(かん) 각자부담

□ **제 몫은 얼마인가요?**

私の分は いくらですか。

와따시노 붕와　이꾸라데스까

□ **팁은 포함되어 있습니까?**

チップは 含まれていますか。

칩뿌와　후꾸마레떼 이마스까

□ **제가 내겠습니다.**

私の おごりです。

와따시노 오고리데스

> おごる 사치하다, 돈을 낭비하다, 한턱내다

□ **신용카드도 받나요?**

クレジットカードで 支払えますか。

쿠레짓또카ー도데　시하라에마스까

☑ 계산해 주세요.

お勘定 お願いします。
かんじょう　ねが

오깐죠－　오네가이시마스

☐ 전부해서 얼마입니까?

全部で おいくらですか。
ぜん ぶ

젬부데　　　오이꾸라데스까

☐ 이 요금은 무엇입니까?

この料金は 何ですか。
りょうきん　　なん

고노 료－낑와　　　난데스까

☐ 계산이 틀린 것 같습니다.

計算が 違っているようです。
けい さん　　ちが

게－상가　　치갓떼이루 요－데스

~ようだ ~한 것 같다

☐ 봉사료는 포함되어 있습니까?

サービス料は 入っていますか。
りょう　　はい

사－비스료－와　　　하잇떼 이마스까

☐ 영수증을 주세요.

領収書を ください。
りょうしゅうしょ

료－슈－쇼오　　구다사이

Part 7

여행과 출장에 관한 표현

255

Chapter 05

관광을 할 때

관광의 첫걸음은 관광안내소에서 시작됩니다. 대부분 시내 중심가에 있으며 볼거리 소개부터 버스 예약까지 다양한 서비스를 합니다. 미술관이나 박물관은 휴관일을 확인하고 나서 예정을 잡읍시다. 요일에 따라서 개관을 연장하거나 할인요금이나 입장료가 달라지는 곳도 있으므로 가이드북을 보고 확인합시다. お寺(절)이나 神社(진쟈)는 관광지이기 이전에 종교적인 신성한 건물입니다. 들어갈 때 정숙하지 못한 복장이나 소란은 삼가야 합니다.

Unit 1 시내의 관광안내소에서

단체여행인 경우는 현지 가이드의 안내에 따라 관광을 하면 되지만, 개인여행인 경우는 현지의 観光案内所(かんこうあんないじょ)를 잘 활용하는 것도 즐거운 여행이 되는 하나의 방법이다.

☑ 이 도시의 관광안내 팸플릿이 있습니까?

パンフレット[pamphlet]

この町の 観光案内パンフレットは ありますか。
고노 마찌노　캉꼬-안나이 팡후렛또와　　　아리마스까

□ 여기서 볼 만한 곳을 가르쳐 주시겠어요?

ここの 見どころを 教えてください。
고꼬노　미도꼬로오　오시에떼 구다사이

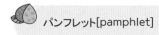
見所(みどころ) 보아야 할 곳, 볼 만한 가치가 있는 곳

□ 여기서 표를 살 수 있습니까?

ここで 切符が 買えますか。
고꼬데　깁뿌가　가에마스까

□ 여기서 걸어서 갈 수 있습니까?

ここから 歩いて 行けますか。
고꼬까라　아루이떼　이께마스까

☑ 관광버스 투어는 있습니까?

観光バス ツアーは ありますか。

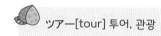

ツアー[tour] 투어, 관광

캉꼬바스　　　쓰아ー와　　　아리마스까

□ 어떤 투어가 있습니까?

どんな ツアーが あるんですか。

돈나　　　쓰아ー가　　　아룬데스까

□ 오전 코스는 있습니까?

午前(午後)の コースは ありますか。

고젱(고고)노　　　코ー스와　　　아리마스까

□ 야간관광은 있습니까?

ナイトツアーは ありますか。

나이또 쓰아ー와　　　아리마스까

□ 식사는 나옵니까?

食事は 付いていますか。

쇼꾸지와　　쓰이떼 이마스까

□ 몇 시에 출발합니까?

出発は 何時ですか。

슛빠쯔와　　　난지데스까

☑ 저것은 무엇입니까?

あれは 何^{なん}ですか。

아레와　　　난데스까

☐ 저것은 무슨 강입니까?

あれは 何^{なん}という 川^{かわ}ですか。

아레와　　　난또 이우　　가와데스까

☐ 여기서 얼마나 머뭅니까?

ここで どのくらい 止^とまりますか。

고꼬데　　도노쿠라이　　　도마리마스까

☐ 몇 시에 버스로 돌아오면 됩니까?

何時^{なんじ}に バスに 戻^{もど}ってくれば いいですか。

난지니　　바스니　　모돗떼구레바　　　이-데스까

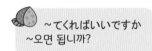

~てくればいいですか
~오면 됩니까?

☑ 전망대는 어떻게 오릅니까?

展望台へは どうやって 上がるのですか。
_{てん ぼう だい}　　　　　　_あ

템보─다이에와　　도─얏떼　　　아가루노데스까

☐ 저 건물은 무엇입니까?

あの建物は 何ですか。
　　_{たて もの}　_{なん}

아노 다떼모노와　난데스까

☐ 누가 여기에 살았습니까?

誰が 住んでいたのですか。
_{だれ}　_す

다레가　슨데이따노데스까

☐ 언제 세워졌습니까?

いつごろ 建てられたのですか。
　　　　_た

이쯔고로　　다떼라레따노데스까

☐ 퍼레이드는 언제 있습니까?

パレードは いつ ありますか。

파레─도와　　　이쯔　아리마스까

☐ 몇 시에 돌아와요?

何時に 戻りますか。
_{なん じ}　_{もど}

난지니　　모도리마스까

여행을 하면서 그 도시의 정보지 등에서 뮤지컬이나 연극(가부키), 콘서트 등 보고 싶은 것을 찾아서 미리 호텔의 인포메이션이나 관광안내소에서 예약을 해 두는 것이 좋다. 표 는 극장의 창구에서 사는 것이 가장 확실하다. 적어도 공연의 3일 전쯤에는 예매를 해 두 어야 한다.

☑ 입장료는 얼마입니까?

入場料は いくらですか。

뉴-죠-료-와   이꾸라데스까

☐ 이 티켓으로 모든 전시를 볼 수 있습니까?

このチケットで すべての 展示が 見られますか。

고노 치켓또데   스베떼노   덴지가   미라레마스까

☐ 무료 팸플릿은 있습니까?

無料のパンフレットは ありますか。

무료-노 팡후렛또와   아리마스까

☐ 재입관할 수 있습니까?

再入館できますか。

사이뉴-깐 데끼마스까

☐ 짐을 맡아 주세요.

荷物を 預かってください。

니모쯔오   아즈깟떼 구다사이

☐ 오늘 표는 아직 있습니까?

今日の 切符は まだ ありますか。

쿄-노   깁뿌와   마다   아리마스까

Unit 6 사진촬영을 허락받을 때

미술관이나 박물관에서는 사진촬영이 금지되어 있는 곳이 많으므로 게시판을 잘 살펴야한다. 삼각대, 플래시는 거의 금지되어 있다. 함부로 다른 사람에게 카메라를 향하는 것은 예의에 어긋나므로, 찍고 싶은 상대에게 허락을 받고 나서 사진을 찍어야 한다.

☑ 여기서 사진을 찍어도 됩니까?

ここで 写真を 撮ってもいいですか。
고꼬데　샤싱오　돗떼모 이-데스까

> ~てもいいですか ~해도 됩니까? (허락, 요구의 표현)

☐ 여기서 플래시를 터뜨려도 됩니까?

ここで フラッシュを たいてもいいですか。
고꼬데　후랏슈오　　다이떼모 이-데스까

☐ 비디오 촬영을 해도 됩니까?

ビデオ撮影してもいいですか。
비데오 사쯔에- 시떼모 이-데스까

☐ 당신 사진을 찍어도 되겠습니까?

あなたの 写真を 撮っても いいですか。
아나따노　샤싱오　돗떼모　　이-데스까

> 写真を撮る 사진을 찍다.
> 写真を写(うつ)す 사진을 박다

☐ 함께 사진을 찍으시겠습니까?

一緒に 写真を 撮ってもらえませんか。
잇쇼니　샤싱오　돗떼 모라에마셍까

Part 7

요행과 출장에 관한 표현

261

☑ 사진 좀 찍어 주시겠어요?

私の 写真を 撮ってもらえませんか。

와따시노 샤싱오　돗떼 모라에마셍까

□ 셔터를 누르면 됩니다.

シャッターを 押すだけです。

샷따ー오　　　오스다께데스

□ 여기서 우리들을 찍어 주십시오.

ここから 私たちを 写してください。

고꼬까라　와따시타찌오 우쯔시떼 구다사이

□ 한 장 더 부탁합니다.

もう一枚 お願いします。

모ー 이찌마이 오네가이 시마스

□ 나중에 사진을 보내드리겠습니다.

あとで 写真を 送ります。

아또데　샤싱오　오꾸리마스

□ 주소를 여기서 적어 주시겠어요?

住所を ここに 書いてください。

쥬ー쇼오　고꼬니　가이떼 구다사이

☑ 그림엽서는 있습니까?

絵ハガキは ありますか。

<small>え</small>

에하가끼와　　　　아리마스까

☐ 기념품으로 인기 있는 것은 무엇입니까?

おみやげで 人気が あるのは 何ですか。

<small>にん き</small>　　　　　　　　　　　<small>なん</small>

오미야게데　　　　닝끼가　　　아루노와　　　난데스까

☐ 이 박물관의 오리지널 상품입니까?

この博物館の オリジナル商品ですか。

<small>はく ぶつ かん</small>　　　　　　　　　<small>しょうひん</small>

고노 하꾸부쯔깐노　　　오리지나루 쇼-힌데스까

☐ 건전지는 어디서 살 수 있나요?

電池は どこで 買えますか。

<small>でん ち</small>　　　　　　<small>か</small>

덴찌와　　　도꼬데　　가에마스까

Chapter 06

쇼핑을 할 때

값싸고 좋은 물건을 사기 위해서는 현지인의 도움을 받거나 미리 쇼핑 정보를 통해 알아두는 것도 하나의 방법입니다. 가게를 찾을 때는 ~は どこに ありますか라고 묻고, 가게에 들어서면 점원이 いらっしゃいませ라고 반갑게 맞이합니다. 물건을 고를 때는 あれを 見せてください, 가격을 흥정할 때는 少し割引きできませんか, 지불할 때는 全部でいくらになりますか라고 합니다. 이처럼 여기서는 쇼핑의 기본이 되는 필수 표현을 익힙니다.

Unit 1 쇼핑센터를 찾을 때

여행에서 쇼핑도 빼놓을 수 없는 즐거움의 하나다. 꼭 필요한 품목은 미리 계획을 세워서 구입해야만 충동구매를 피할 수 있고, 귀국시 세관에서 통관 절차가 간단하다.

☑ 쇼핑센터는 어디에 있습니까?

ショッピングセンターは どこに ありますか。

숍핑구 센따-와　　　　　　　도꼬니　　아리마스까

☐ 쇼핑 가이드는 있나요?

ショッピングガイドは ありますか。

숍핑구 가이도와　　　　　　아리마스까

☐ 면세점은 있습니까?

免税店は ありますか。
めんぜいてん

멘제-뗑와　　　아리마스까

☐ 이 주변에 백화점은 있습니까?

この辺りに デパートは ありますか。
あた

고노 아따리니　　데빠-또와　　　아리마스까

쇼핑은 여행의 커다란 즐거움의 하나이다. 싼 가게, 큰 가게, 멋진 가게, 대규모의 쇼핑센터 등을 사전에 알아두면 편리하다. 한국과는 다르게 일요일에 쉬는 가게가 많으므로 영업시간이나 휴업일을 미리 알아두자.

☑ 가장 가까운 슈퍼는 어디에 있습니까?

一番近い スーパーは どこですか。
이찌반 치까이 스-빠-와   도꼬데스까

☐ 편의점을 찾고 있습니다.

コンビニを 探しています。
콤비니오   사가시떼 이마스

☐ 좋은 스포츠 용품점을 가르쳐 주시겠어요?

いい スポーツ用具店を 教えてください。
이-   스뽀-쯔 요-구뗑오   오시에떼 구다사이

☐ 그건 어디서 살 수 있나요?

それは どこで 買えますか。
소레와   도꼬데   가에마스까

☐ 그 가게는 오늘 문을 열었습니까?

その店は 今日 開いていますか。
소노 미세와   쿄-   아이떼 이마스까

☐ 영업시간은 몇 시부터 몇 시까지입니까?

営業時間は 何時から 何時までですか。
에-교-지깡와   난지까라   난지마데 데스까

여행과 출장에 관한 표현

가게에 들어서면 제일 먼저 종업원이 いらっしゃいませ라고 반갑게 인사를 한다. 이 때 손님은 가볍게 인사를 하고 찾고자 하는 물건을 말하면 친절하게 안내해 줄 것이다.

☑ (점원) 어서 오십시오.

いらっしゃいませ。
이랏샤이마세

☐ 뭔가 찾으십니까?

何か お探しですか。
나니까 오사가시데스까

☐ 그냥 구경하는 겁니다.

見ているだけです。
미떼이루 다께데스

☐ 필요한 것이 있으시면 말씀하십시오.

何か ご用がありましたら、お知らせください。
나니까 고요ー가 아리마시따라   오시라세 구다사이

266

가게에 들어가면 점원에게 가볍게 인사를 하자. 「何を お探しですか(뭐를 찾으십니까?)」라고 물었을 때 살 마음이 없는 경우에는 「見ているだけです(보고 있습니다)」라고 대답한다. 말을 걸었는데 대답을 하지 않거나 무시하는 것은 상대에게 실례가 된다.

☑ 여기 잠깐 봐 주시겠어요?

ちょっと よろしいですか。
촛또　　　　요로시−데스까

☐ 코트를 찾고 있습니다.

コートを 探しているのです。
코−또오　　사가시떼 이루노데스

☐ 아내에게 선물할 것을 찾고 있습니다.

妻への プレゼントを 探しています。
쓰마에노　　푸레젠또오　　　　사가시떼 이마스

☐ 캐주얼한 것을 찾고 있습니다.

カジュアルな ものを 探しています。
카쥬아루나　　　　모노오　　사가시떼 이마스

☐ 샤넬은 있습니까?

シャネルは 置いてありますか。
샤네루와　　　　오이떼 아리마스까

☐ 선물로 적당한 것은 없습니까?

何か おみやげに 適当な 物は ありませんか。
나니까　오미야게니　　　데끼또−나　모노와　아리마셍까

Part 7

여행과 출장에 관한 표현

267

☑ 저걸 보여 주시겠어요?

あれを 見^みせてください。

아레오　　미세떼 구다사이

☐ 면으로 된 것이 필요한데요.

綿^{めん}素^そ材^{ざい}のものが 欲^ほしいんですが。

멘 소자이노 모노가　　호시인데스가

☐ 이것과 같은 것은 있습니까?

これと 同^{おな}じものは ありますか。

고레또　　오나지 모노와　　아리마스까

☐ 이것뿐입니까?

これだけですか。

고레다께데스까

☐ 30세 정도의 남자에게는 뭐가 좋을까요?

30歳^{さい}くらいの 男^{だん}性^{せい}には 何^{なに}が いいですか。

산쥿사이 쿠라이노　　단세-니와　　나니가 이-데스까

Unit 6 물건을 보고 싶을 때

가게에 들어가서 상품에 함부로 손을 대지 않도록 하자. 가게에 진열되어 있는 상품은 어디까지나 샘플이기 때문에 손을 대는 것은 살 마음이 있다고 상대가 받아들일 수도 있다. 보고 싶을 경우에는 옆에 있는 점원에게 부탁을 해서 꺼내오도록 해야 한다.

☑ 그걸 봐도 될까요?

それを 見てもいいですか。

소레오　미떼모 이-데스까

☐ 몇 가지 보여 주세요.

いくつか 見せてください。

이꾸쓰까　미세떼 구다사이

☐ 이 가방을 보여 주시겠어요?

このバッグを 見せてもらえますか。

고노 박구오　미세떼 모라에마스까

☐ 다른 것을 보여 주시겠어요?

別の ものを 見せていただけますか。

베쯔노　모노오　미세떼 이따다께마스까

☐ 더 품질이 좋은 것은 없습니까?

もっと 質のいいのは ありませんか。

못또　시쯔노 이-노와　아리마셍까

☐ 잠깐 다른 것을 보겠습니다.

ちょっと 他のものを 見てみます。

촛또　호까노 모노오　미떼미마스

> 상대에게 뭔가를 요구할 때 쓰이는 일본어 표현은 다음처럼 정중함을 달리한다.
> 「~てください → ~てもらえますか→ ~ていただけますか」

Part 7

여행과 출장에 관한 표현

☑ 무슨 색이 있습니까?

なに いろ
何色が ありますか。

나니이로가　아리마스까

☐ 빨간 것은 있습니까?

あか
赤いのは ありますか。

아까이노와　　아리마스까

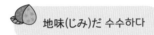

赤(あか)い 빨갛다,
青(あお)い 파랗다,
黄色(きいろ)い 노랗다,
白(しろ)い 하얗다,
黒(くろ)い 검다

☐ 너무 화려합니다.

は　で
派手すぎます。

하데스기마스

地味(じみ)だ 수수하다

☐ 더 화려한 것은 있습니까?

は　で
もっと 派手なのは ありますか。

못또　　하데나노와　　　아리마스까

☐ 더 수수한 것은 있습니까?

じ　み
もっと 地味なのは ありますか。

못또　　지미나노와　　　아리마스까

☐ 이 색은 좋아하지 않습니다.

いろ　　す
この色は 好きではありません。

고노 이로와　스끼데와 아리마셍

☑ 다른 스타일은 있습니까?

ほかの型_{かた}は ありますか。

ほかの型<ruby>型<rt>かた</rt></ruby>は ありますか。

호까노 가따와　　아리마스까

☐ 이런 디자인은 좋아하지 않습니다.

このデザインは 好<ruby>好<rt>す</rt></ruby>きではありません。

고노 데자잉와　　　스끼데와 아리마셍

☐ 다른 디자인은 있습니까?

他<ruby>他<rt>ほか</rt></ruby>の デザインは ありますか。

호까노　데자잉와　　　아리마스까

☐ 사이즈는 이것뿐입니까?

サイズは これだけですか。

사이즈와　　고레다께데스까

☐ 더 큰 것은 있습니까?

もっと 大<ruby>大<rt>おお</rt></ruby>きいのは ありますか。

못또　　오-끼-노와　　아리마스까

☐ 더 작은 것은 있습니까?

もっと 小<ruby>小<rt>ちい</rt></ruby>さいのは ありますか。

못또　　치-사이노와　　아리마스까

☑ **재질은 무엇입니까?**

材質は 何ですか。
<small>ざいしつ　なん</small>

자이시쯔와　난데스까

☐ **일제입니까?**

日本製ですか。
<small>に ほんせい</small>

니혼세―데스까

☐ **질은 괜찮습니까?**

質は いいですか。
<small>しつ</small>

시쯔와　이―데스까

☐ **이건 실크 100%입니까?**

これは シルク 100%ですか。

고레와　　시루꾸　　햐꾸 파―센또데스까

☐ **이건 수제입니까?**

これは ハンドメイドですか。

고레와　　한도메이도데스까

☐ **이건 무슨 향입니까?**

これは 何の 香りですか。
<small>なん　かお</small>

고레와　　난노　　가오리데스까

☑ 전부해서 얼마가 됩니까?

全部で いくらに なりますか。
<small>ぜん ぶ</small>

젬부데　　이꾸라니 나리마스까

☐ 하나에 얼마입니까?

1つ、いくらですか。

히또쯔　이꾸라데스까

☐ 이건 세일 중입니까?

これは セール中ですか。
<small>ちゅう</small>

고레와　　세ー루쮸데스까

☐ 세금이 포함된 가격입니까?

税金は 含まれた 額ですか。
<small>ぜい きん　　ふく　　　　がく</small>

제이낑와　　후꾸마레따　　가꾸데스까

☐ 너무 비쌉니다.

高すぎます。
<small>たか</small>

다까스기마스

☐ 현금으로 지불하면 더 싸게 됩니까?

現金払いなら 安くなりますか。
<small>げん きん ばら　　　　やす</small>

겡낑바라이나라　　야스꾸 나리마스까

지불할 때는 全部で いくらになりますか라고 한다. 거의 모든 가게에서 현금, 신용카드, 여행자수표 등으로 물건값을 계산할 수 있지만, 여행자수표를 사용할 때는 여권의 제시를 요구하는 가게도 있으며, 변잡한 가게나 작은 가게에서는 여행자수표를 꺼리는 경우도 있다.

☑️ 이걸로 하겠습니다.

これに します。
고레니   시마스

☐ 이것을 10개 주세요.

これを 10個 ください。
고레오   죽–꼬   구다사이

☐ 지불은 어떻게 하시겠습니까?

お支払いは どうなさいますか。
오시하라이와   도– 나사이마스까

☐ 카드도 됩니까?

カードで 支払いできますか。
카–도데   시하라이 데끼마스까

☐ 여행자수표도 받나요?

トラベラーズチェックで 支払いできますか。
토라베라–즈 첵꾸데   시하라이 데끼마스까

☐ 영수증을 주시겠어요?

領収書を いただけますか。
료–슈–쇼오   이따다께마스까

☑ 봉지를 주시겠어요?

袋を いただけますか。

후꾸로오 이따다께마스까

☐ 봉지에 넣기만 하면 됩니다.

袋に 入れるだけで けっこうです。

후꾸로니 이레루다께데　게꼬—데스

☐ 이걸 선물용으로 포장해 주시겠어요?

これを ギフト用に 包んでもらえますか。

고레오　기후또요—니　쓰쓴데 모라에마스까

☐ 따로따로 포장해 주세요.

別々に 包んでください。

베쓰베쓰니　쓰쓴데 구다사이

☐ 이거 넣을 박스 좀 얻을 수 있나요?

これを 入れる ボックスを いただけますか。

고레오　이레루　복꾸스오　이따다께마스까

가게에 클레임을 제기할 때는 감정적으로 대하지 말고 침착하게 요점을 말해야 한다. 보통 한번 돈을 지불해버리면 흠집이 났거나 더럽더라도 구입한 고객의 책임이 되어버린다. 사기 전에 물건을 잘 확인하자. 교환을 원할 경우 영수증이 있어야 하므로 없애지 않도록 하고, 환불은 특별한 경우가 아니면 어려운 것이 한국과 마찬가지이다.

☑ **여기에 얼룩이 있습니다.**

ここに シミが 付いています。

고꼬니　시미가　쓰이떼 이마스

☐ **새 것으로 바꿔드리겠습니다.**

新しいものと お取り替えします。

아따라시ー 모노또　오또리까에 시마스

☐ **구입 시에 망가져 있었습니까?**

ご購入時に 壊れていましたか。

고코ー뉴ー지니　　고와레떼 이마시따까

☐ **샀을 때는 몰랐습니다.**

買った ときには 気が つきませんでした。

갓따　　토끼니와　키가　쓰끼마센데시따

☐ **사이즈가 안 맞았어요.**

サイズが 合いませんでした。

사이즈가　　아이마센데시따

☐ **다른 것으로 바꿔 주시겠어요?**

別の物と 取り替えていただけますか。

베쯔노모노또　도리까에떼 이따다께마스까

276

☑ **어디로 가면 됩니까?**

どこに 行けば いいのですか。
い

도꼬니　이께바　　이-노데스까

☐ **반품하고 싶은데요.**

返品したいのですが。
へんぴん

헴삔시따이노데스가

☐ **아직 쓰지 않았습니다.**

まだ 使っていません。
つか

마다　쓰깟떼 이마셍

☐ **가짜가 하나 섞여 있었습니다.**

偽物が 一つ 混ざっていました。
にせもの　　ひと　　ま

니세모노가 히또쯔　마잣떼 이마시따

☐ **영수증은 여기 있습니다.**

領収書は これです。
りょうしゅうしょ

료-슈-쇼와　　고레데스

☐ **어제 샀습니다.**

昨日 買いました。
きのう　か

기노-　가이마시따

☑ 환불해 주시겠어요?

へん きん
返金してもらえますか。

헨낀시떼 모라에마스까

☐ 산 물건하고 다릅니다.

か   ちが
買ったものと違います。

갓따   모노또   치가이마스

☐ 구입한 게 아직 배달되지 않았습니다.

か   とど
買ったものが まだ 届きません。

갓따   모노가   마다   도도끼마셍

☐ 대금은 이미 지불했습니다.

だい きん   はら
代金は もう 払いました。

다이낑와   모-   하라이마시따

☐ 수리해 주든지 환불해 주시겠어요?

しゅう り   かね   かえ
修理するか、お金を 返していただけますか。

슈-리스루까   오까네오   가에시떼 이따다께마스까

☐ 계산이 틀린 것 같습니다.

かんじょう   ま ちが
勘定が 間違っているようです。

간죠-가   마찌갓떼 이루 요-데스

Chapter 07

여행을 마치고 귀국할 때

귀국 당일은 출발 2시간 전까지 공항에 미리 나가서 체크인을 마쳐야 합니다. 출국절차는 터미널 항공사 카운터에 가서 여권, 항공권, 출입국카드를 제시하면 출국카드를 떼어 내고 탑승권을 줍니다. 동시에 맡길 짐도 체크인하면 화물 인환증을 함께 주므로 잘 보관해야 합니다. 항공권에 공항세가 포함되지 않았을 경우에는 출국 공항세를 지불해야 하는 곳도 있습니다. 그 뒤는 보안검사, 수화물 X선 검사를 받고 탑승권에 지정되어 있는 탑승구로 가면 됩니다. 면세품을 사려면 출발 로비의 면세점에서 탑승권을 제시하고 사면 됩니다.

Unit 1 귀국편을 예약할 때

출발하기 전에 맡길 짐과 기내로 갖고 들어갈 짐을 나누어 꾸리고 토산품과 구입한 물건의 품명과 금액 등에 대한 목록을 만들어 두면 좋다.

☑ **인천행을 예약하고 싶은데요.**

インチョン行^ゆきを 予^よ約^{やく}したいのですが。

인천 유끼오   요야꾸시따이노데스가

☐ **내일 비행기는 예약이 됩니까?**

明日^{あした}の 便^{びん}の 予^よ約^{やく}は できますか。

아시따노 빈노   요야꾸와   데끼마스까

☐ **다른 비행기는 없습니까?**

別^{べつ}の 便^{びん}は ありますか。

베쓰노 빙와   아리마스까

☐ **편명과 출발 시간을 알려 주십시오.**

便名^{びんめい}と 出発^{しゅっぱつ}の 時間^{じかん}を 教^{おし}えてください。

빔메―또   슛빠쯔노 지깐오   오시에떼 구다사이

귀국하는 날짜가 다가오면 비행기 예약을 한다. 한국에서 떠날 때 예약해 둔 경우에는 미리 전화나 시내의 항공회사 영업소에서 반드시 예약 재확인(reconfirm)을 해 두어야 한다. 공항에는 여유를 가지고 출발 2시간 전에 도착하는 것이 좋다.

☑ **예약을 재확인하고 싶은데요.**

リコンファームを したいのですが。

리콩화-무오　　　　　시따이노데스가

☐ **성함과 편명을 말씀하십시오.**

お名前と 便名を どうぞ。

오나마에또　　　빔메-오　　도-조

☐ **무슨 편 몇 시발입니까?**

何便で 何時 発ですか。

나니빈데　　　난지　　　하쯔데스까

☐ **저는 분명히 예약했습니다.**

私は 確かに 予約しました。

와따시와 타시까니　요야꾸시마시따

☐ **즉시 확인해 주십시오.**

至急、調べてください。

시뀨-　　　시라베떼 구다사이

여기서는 여행 일정이 바뀌어 비행기 예약을 취소하거나 변경할 때 유용하게 쓸 수 있는
표현을 익힌다.

☑ 비행편을 변경할 수 있습니까?

便の変更を お願いできますか。

빈노 헹꼬ー오　　　오네가이 데끼마스까

☐ 어떻게 변경하고 싶습니까?

どのように ご変更 なさいますか。

도노 요ー니　　　고헹꼬ー　　나사이마스까

☐ 10월 9일로 변경하고 싶습니다.

10月9日に 変更したいのです。

쥬ー가쯔 고꼬노까니 헹꼬ー시따이노데스

☐ 예약을 취소하고 싶은데요.

予約を 取り消したいのですが。

요야꾸오　　도리께시따이노데스가

☐ 다른 항공사 비행기를 확인해 주세요.

他の 会社の便を 調べてください。

호까노　카이샤노 빙오　　시라베떼 구다사이

☐ 해약 대기로 부탁할 수 있습니까?

キャンセル待ちで お願いできますか。

칸세루마찌데　　　　오네가이 데끼마스까

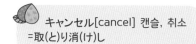

キャンセル[cancel] 캔슬, 취소
=取(と)り消(け)し

Unit 4 탑승수속을 할 때

공항에서는 2시간 전에 체크인하는 것이 바람직하다. 만일에 문제가 발생했더라도 여유를 가지고 대처할 수 있으므로 귀국하기 전날 모든 것을 마무리해야 한다.

☑ 탑승수속은 어디서 합니까?

搭乗手続きは どこで するのですか。

토ー죠ー테쓰즈끼와　　도꼬데 스루노데스까

☐ 일본항공 카운터는 어디입니까?

日本航空のカウンターは どこですか。

니홍코ー꾸ーノ 카운따ー와　　　　　도꼬데스까

☐ 앞쪽 자리가 좋겠는데요.

前方の席が いいですが。

젬뽀ー노 세끼가　　이ー데스가

> カウンター[counter] 카운터

☐ 통로쪽(창쪽)으로 부탁합니다.

通路側(窓側)の席を お願いします。

쓰ー로가와(마도가와)노 세끼오　오네가이시마스

☐ 친구와 같은 좌석으로 주세요.

友人と 隣り合わせの席に してください。

유ー진또　　도나리아와세노 세끼니　　　시떼 구다사이

282

짐이 늘어난 경우에는 초과요금을 지불해야 한다. 가능하면 초과되지 않는 범위 내에서 짐을 기내로 가지고 들어가도록 하며, 시간적 여유가 있을 때 사지 못한 선물이 있다면 면세점에서 구입하면 된다.

☑ **맡기실 짐은 있으십니까?**

お預けになる 荷物は ありますか。

오아즈께니나루　　니모쯔와　아리마스까

> 일본어의 가장 대표적인 존경 표현은 「お+동사의 중지형+になる」의 형식으로 우리말의 「~시다」에 대응한다.

☐ **그 가방은 맡기시겠습니까?**

そのバッグは お預けになりますか。

소노 박구와　　　　오아즈께니 나리마스까

☐ **이 가방은 기내로 가지고 들어갑니다.**

このバッグは 機内に 持ち込みます。

고노 박구와　　　기나이니　모찌꼬미마스

☐ **다른 맡기실 짐은 없습니까?**

お預かりする 荷物は 他に ございますか。

오아즈까리스루　　니모쯔와　호까니 고자이마스까

> 일본어의 가장 대표적인 겸양 표현은 「お + 동사의 중지형 + にする」의 형식이다.

☑ (탑승권을 보이며) 게이트는 몇 번입니까?

ゲートは 何番ですか。

게-또와　　　남반데스까

☐ 3번 게이트는 어느 쪽입니까?

3番ゲートは どちらでしょうか。

삼반게-또와　　　도찌라데쇼-까

☐ 인천행 탑승 게이트는 여기입니까?

インチン行きの 搭乗ゲートは ここですか。

인천유끼노　　　토-죠-게-또와　　　고꼬데스까

☐ 왜 출발이 늦는 겁니까?

なぜ 出発が 遅れているのですか。

나제　숫빠쯔가　오꾸레떼 이루노데스까

☐ 탑승은 시작되었습니까?

搭乗は もう 始まりましたか。

토-죠-와　모-　하지마리마시다까

☐ 방금 인천행 비행기를 놓쳤는데요.

たった今、インチン行きの便に 乗り遅れたのですが。

닷따이마 인천 유끼노 빈니 노리오꾸레따노데스가

PART

8

긴급상황에 관한 표현

여기서는 일본에서의 여행이나 출장시 위급한 상황에 처했을 때 침착하게 대처할 수 있는 회화 표현을 익히도록 하였습니다. 또한, 외국에 나가면 환경의 변화로 생각지도 않은 질병에 걸리기도 합니다. 병원이나 약국에 가서 자신의 증상을 정확히 전달할 수 있어야 정확한 치료를 받을 수 있으므로 질병의 증상에 관한 표현을 잘 익히도록 합시다.

Chapter 01

난처한 상황에 빠졌을 때

여행지에서 난처한 일을 당해 도움을 구하는 필수 표현은 助けて! 입니다. 하지만 순식간에 일을 당할 때는 입이 얼어 아무 말도 나오지 않습니다. 트러블은 가급적 피하는 게 좋겠지만, 그렇지 못할 때를 대비해 상대를 제지할 수 있는 최소한의 표현은 반드시 기억해 둡시다. 익숙하지 않는 일본어로 말하고 있으면, 상대가 하는 말을 알아듣지 못하는 경우가 많습니다. 이야기의 내용을 모를 때는 모르겠다고 말하고 적극적으로 물어봅시다.

Unit 1 난처할 때

여행지에서 갑자기 화장실을 가야 할 경우나 곤란한 상황에 빠졌을 경우 말이 통하지 않으면 매우 난처해진다. 이럴 때를 대비해서 적절한 표현을 익혀 두도록 하자.

☑ 화장실은 어디에 있습니까?

トイレは どこですか。
토이레와　도꼬데스까

☐ 어떻게 하면 좋을까요?

どうしたら いいでしょうか。
도-시따라　이-데쇼-까

☐ 무슨 좋은 방법은 없습니까?

何か いい方法は ないですか。
나니까 이- 호-호-와　나이데스까

☐ 어떻게 해 주세요.

何とか してください。
난또까　시떼 구다사이

286

순식간에 위급한 일이 발생했을 때는 입이 얼어 아무 말도 나오지 않는 법이다. 트러블은 가급적 피하는 게 좋겠지만, 그렇지 못 할 때를 대비해서 상대를 제지할 수 있는 최소한의 표현은 반드시 기억해두자.

☑ **긴급합니다.**
きんきゅう
緊急です。
깅뀨-데스

☐ **의사를 불러 주세요.**
い しゃ   よ
医者を 呼んでください。
이샤오   욘데 구다사이

☐ **살려줘요!/도와줘요!**
たす
助けて!
다스께떼

☐ **위험해!**
あぶ
危ない!
아부나이

☐ **누가 와 줘요!**
だれ   き
誰か 来て!
다레까 기떼

익숙하지 않는 일본어로 말하고 있으면, 자신은 물론 상대도 잘 알아듣지 못하는 경우가 많다. 그 자리의 분위기나 상대에게 신경을 쓴 나머지 자신도 모르게 그만 웃으며 승낙을 하는 경우가 있으므로 결코 알았다는 행동을 취하지 말고 적극적으로 묻자. 이야기의 내용을 모를 때는 「わかりません(모르겠습니다)」이라고 분명히 말하자.

☑ **일본어는 하지 못합니다.**
日本語は 話せません。
니홍고와　　　하나세마셍

☐ **다시 한번 말해 주세요.**
もう一度 言ってください。
모- 이찌도　잇떼 구다사이

☐ **뭐라고 말씀하셨습니까?**
何と おっしゃいましたか。
난또　옷샤이마시따까

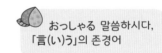
おっしゃる 말씀하시다,
「言(い)う」의 존경어

☐ **천천히 말씀해 주시겠습니까?**
ゆっくりと 言っていただけますか。
육꾸리또 잇떼　이따다께마스까

☐ **한국어를 하는 분은 없습니까?**
韓国語を 話す方は いませんか。
캉꼬꾸고오　　하나스 가따와 이마셍까

☐ **이것은 일본어로 뭐라고 합니까?**
これは 日本語で 何と 言うのですか。
고레와　　니홍고데　　난또　이우노데스까

Chapter 02

도난을 당했을 때

여권이나 귀중품을 분실하거나 도난을 당했다면 먼저 호텔의 경비 담당이나 경찰에 신고를 하고 도난증명서를 발급받습니다. 이것은 재발행이나 보험을 청구할 때 필요하기 때문입니다. 여권의 발행 연월일, 번호, 발행지 등은 수첩에 메모를 해 두고 예비사진 2장도 준비해 두는 것이 만약의 경우에 도움이 됩니다. 도난신고를 할 때는 盗難届けを出したいんですが(도난신고를 내고 싶은데요.)라고 하면 됩니다.

Unit 1 물건을 분실했을 때

여행 도중에 짐을 잃어버렸다면 거의 대부분은 찾지 못한다. 그러므로 항상 주의를 기울이는 방법밖에 없다. 하지만 비행기에서 출발하면서 짐을 부쳤는데 찾지 못한 경우는 보상받을 수 있다.

☑ **경찰을 불러 주세요.**
警察を 呼んでください。
게-사쯔오 욘데 구다사이

☐ **가방을 잃어버렸습니다.**
バッグを 忘れました。
박구오　　　　와스레마시따

バッグ[bag]
백, 가방 =かばん

☐ **유실물 담당은 어디입니까?**
遺失物係は どこですか。
이시쯔부쯔 가까리와 도꼬데스까

~ 係(がかり) 계원, 담당자

☐ **무엇이 들어있습니까?**
何が 入っていましたか。
나니가　하잇떼 이마시따까

Part 8 긴급상황에 관한 표현

☑ 얼마 들어 있습니까?

いくら 入っていましたか。
はい
이꾸라　하잇떼 이마시따까

☐ 찾으면 연락하겠습니다.

見つかったら 連絡します。
み　　　　　れん らく
미쓰깟따라　　렌라꾸시마스

☐ 한국대사관은 어디입니까?

韓国大使館は どこですか。
かん こく たい し かん
캉꼬꾸 타이시깡와　　도꼬데스까

☐ 여권을 잃어버렸습니다.

パスポートを なくしました。
파스뽀ー또오　　나꾸시마시따

> パスポート[passport]
> 여권 =旅券(りょけん)

☐ 한국어를 할 줄 아는 담당자를 불러 주세요.

韓国語を 話せる係員を 呼んでください。
かん こく ご　　　はな　　　かかりいん　　よ
캉꼬꾸고오　　하나세루 가까리잉오 욘데 구다사이

☐ 재발행해 주세요.

再発行してください。
さい はっ こう
사이학꼬ー시떼 구다사이

Unit **2** 강도를 만났을 때

일본은 세계에서 가장 치안이 잘 되어 있는 나라로 강도를 만나거나 도둑을 당하는 일은 드물다. 하지만 만약을 대비해서 다음과 같은 표현도 잘 익혀 두면 위급할 때 유용하게 쓸 수 있다.

☑ **강도야!**

強盗!

고ー또ーㅅ

☐ **돈을 빼앗겼습니다.**

お金を 奪われました。

오까네오　우바와레마시따

☐ **말한 대로 해!**

言った とおりに しろ!

잇따　　　　도ー리니 시로

> *「～とりには 활용어에 접속하여 「～하는(한) 대로」의 뜻으로 같은 상태임을 나타낸다.
> *「する」의 명령형은 「しろ」와 「せよ」가 있으나, 「せよ」는 주로 문장체에서 쓰인다.

☐ **돈을 내놔. 그렇지 않으면 죽이겠다!**

金を よこせ。さもないと 殺すぞ!

가네오　요꼬세　　　사모나이또　　　고로스조

☐ **돈은 안 갖고 있어요!**

お金は 持っていません!

오까네와　못데 이마셍

Part 8

긴급상황에 관한 표현

☑ 저 놈이 내 가방을 훔쳤어요!

あいつが 私のバッグを 取ったんです!

아이쯔가　　와따시노 박구오　　돗딴데스

☐ 파출소까지 데려가 주세요.

交番まで 連れて 行ってください。

고-방마데　　쓰레떼 잇떼 구다사이

☐ 제 가방이 보이지 않은데요.

私のバッグガ 見当たらないんですが。

와따시노 박구가　　미아따라나인데스가

☐ 전철 안에서 지갑을 소매치기 당했습니다.

電車の中で 財布を すられました。

덴샤노 나까데　　사이후오　　스라레마시따

☐ 카메라를 도둑맞았습니다.

カメラを 盗まれました。

카메라오　　누스마레마시따

☐ 도난신고를 내고 싶은데요.

盗難届けを 出したいんですが。

도-난토도께오　　다시따인데스가

Chapter 03 재해·사고를 당했을 때

일본은 세계에서 가장 치안이 안정되어 있는 나라이지만, 지진이나 해일, 태풍 등의 자연재해가 많은 나라입니다. 만일을 위해 해외여행 상해보험은 반드시 들어 둡시다. 사고가 일어나면 먼저 경찰에게 알립니다. 그리고 보험회사, 렌터카 회사에 연락을 취합니다. 당사자인 경우에는 먼저 すみません이라고 말하면 잘못을 인정하는 꼴이 되어버립니다. 다쳐서 구급차를 부를 때는 救急車をお願いします라고 하면 됩니다.

Unit 1 자연재해를 당했을 때

비상시 경찰에 구조를 요청하려면 공중전화기의 붉은 버튼을 누르고 110번, 화재신고나 구급차 호출은 119번을 누른다. 자연재해를 만났을 때는 당황하지 말고 침착하게 현지인의 대피 모습을 보고 그 요령에 따라 대처하도록 하자.

☑ **어제 진도 4의 지진이 있었습니다.**
きのう 震度4の 地震が ありました。
기노- 신도 욘노 지싱가 아리마시따

地震が起(お)こる
지진이 일어나다

☐ **태풍이 접근하고 있답니다.**
台風が 接近しているそうです。
타이후-가 섹낀시떼이루 소-데스

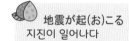
활용어에 「~そうだ」가 접속하면 「~한다고 한다」의 뜻으로 전문을 나타낸다.

☐ **홍수 경보가 났습니다.**
洪水警報が 出ています。
코-즈이 케-호-가 데떼 이마스

☐ **강한 눈보라로 교통이 마비되었습니다.**
猛吹雪で 交通が ストップしています。
모-후부끼데 고-쓰-가 스톱뿌시떼 이마스

☑ **불이야!**
火事だ!
카지다

☐ **화재는 아직 진화되지 않았습니다.**
火事は まだ 鎮火していません。
카지와　　마다　칭까시떼 이마셍

☐ **지하실로 피난하시오.**
地下室に 避難しなさい。
치까시쯔니　　히난시나사이

☐ **가스가 샌다!**
ガス漏れしてるぞ!
가스모레시떼루조

☐ **폭발한다!**
爆発するぞ!
바꾸하쓰스루조

☐ **몇 차례 폭발이 있었습니다.**
何度も 爆発が ありました。
난도모　　　바꾸하쓰가 아리마시따

☑ 구급차를 부탁합니다! 자동차 사고입니다.

きゅうきゅうしゃ　　　　ねが　　　　　　　　じ どうしゃ じ こ
救急車を お願いします! 自動車事故です。

규ー뀨ー샤오　　오네가이시마스　　지도ー샤지꼬데스

☐ 도와줘요! 사고예요!

たす　　　　　じ こ
助けて! 事故よ!

다스께떼　　지꼬요

☐ 다친 사람이 있습니다.

　　　　にん
けが人が います。

게가닝가　　　　이마스

☐ 뺑소니 사고예요. 빨리 번호를 적어요!

　　に　じ こ　　　　はや
ひき逃げ事故よ。早く ナンバーを ひかえて!

히끼니게 지꼬요　　　　하야꾸 남바ー오　　　히까에떼

☐ 정면충돌 사고입니다.

しょうめんしょうとつ じ こ
正面衝突事故です。

쇼ー멘쇼ー또쯔 지꼬데스

사고가 일어나면 먼저 경찰에게 알린다. 그리고 보험회사, 렌터카 회사에 열락을 취한다. 당사자인 경우에는 먼저 **すみません**이라고 말하면 잘못을 인정하는 꼴이 되어버린다. 만일을 위해 해외여행 상해보험은 반드시 들어 두자. 보험 청구를 위해서는 사고증명서를 반드시 받아두어야 한다.

☑ **경찰을 불러 주세요.**

警察の人を 呼んでください。

게ー사쯔노 히또오 욘데 구다사이

☐ **상황을 설명해 주세요.**

状況を 説明してください。

죠ー꾜ー오 세쯔메ー시떼 구다사이

☐ **저는 과실이 없습니다.**

私の方には 過失は ありません。

와따시노 호ー니와 가시쯔와 아리마셍

☐ **이 아이가 갑자기 길로 뛰어들었습니다.**

この子供が いきなり 道に 飛び出したんです。

고노 고도모가 이끼나리 미찌니 도비다시딴데스

☐ **저 사람이 신호를 무시했습니다.**

あの人が 信号を 無視したんです。

아노 히또가 싱고ー오 무시시딴데스

☐ **상대의 차가 차선을 넘어서 부딪쳤습니다.**

相手の車が 車線を 越えて ぶつかってきました。

아이떼노 구루마가 샤셍오 고에떼 부쓰깟떼 기마시따

☑ 제 탓입니다.
私のせいです。
와따시노 세ー데스

☐ 우발적인 사건입니다.
偶発的な 出来事なんです。
구ー하쯔테끼나 데끼고또난데스

☐ 미안해요. 악의로 한 게 아닙니다.
ごめんなさい。悪気で したんじゃないんです。
고멘나사이 와루기데　시딴쟈나인데스

☐ 제 과실이 아니에요.
私の 落ち度ではないですよ。
와따시노 오찌도데와 나이데스요

☐ 남에게 책임전가를 하지 마라.
他人に 責任転嫁を するなよ。
타닌니　세끼닌텡까오　스루나요

몸이 아플 때

우리는 아는 사람을 만났을 때 일상적으로 쓰는 말이 「안녕하세요?」이지만, 일본에서는 영어에서처럼 아침(おはようございます), 낮(こんにちは), 저녁(こんばんは) 인사를 구분하여 쓰고 있습니다. 친한 사이라면 아침에 만났을 때 おはよう라고만 해도 무방하며, 더욱 줄여서 オッス라고도 합니다. 근황을 물을 때는 お元気ですか라고 하며, 이에 대한 응답으로는 おかげさまで元気です라고 합니다.

Unit 1 병원의 접수창구에서

패키지 관광인 경우는 우선 주관 여행사의 현지 담당자에게 알린다. 호텔 안에서의 사고는 프런트에 의뢰를 하여 의사를 부르거나 병원에 가도록 한다. 그리고 공항이나 역일 경우에는 여행자 구호소의 도움을 받는다.

☑ 이 병원은 몇 시부터 몇 시까지입니까?

この病院は 何時から 何時までですか。

고노 뵤-잉와　　　난지까라　　　난지마데데스까

□ 안과는 어디에 있습니까?

眼科は どちらでしょうか。

강까와　　　도찌라데쇼-까

□ 이비인후과 선생님에게 진찰을 받고 싶은데요.

耳鼻咽喉科の先生に 診ていただきたいのですが。

지비잉꼬-까노 센세-니　　　미떼 이따다끼따이노데스가

□ 진찰실은 어디입니까?

診察室は どこですか。

신사쯔시쯔와　　　도꼬데스까

말이 통하지 않으면 현지에서 몸이 아플 때 매우 당혹스럽다. 이럴 때는 현지 가이드의 통역을 받는 것이 가장 손쉬운 일이지만, 혼자일 경우에는 아픈 증상을 정확하게 전달할 수 있는 의사소통의 능력을 갖추어야 한다.

☑ **어디 아프세요?**

どこか 痛みますか。

도꼬가　　이따미마스까

☐ **가슴이 아픕니다.**

胸が 痛いんです。

무네가　이따인데스

☐ **무릎이 좀 아픕니다.**

膝が ちょっと 痛いのです。

히자가　촛또　　　　이따이노데스

☐ **왼쪽 귀가 아픕니다.**

左の耳が 痛いのです。

히다리노 미미가 이따이노데스

☐ **오른쪽 어깨가 아픕니다.**

右肩が 痛いです。

미기카따가　이따이데스

☐ **머리가 지끈지끈 아픕니다.**

頭が がんがん 痛みます。

아따마가 강강　　　　이따미마스

✓ 아랫배가 살살 아픕니다.

下腹が しくしく 痛みます。

시따하라가 시꾸시꾸   이따미마스

☐ 위가 너무 쓰려서 참을 수 없습니다.

胃の痛みが ひどくて 我慢できません。

이노 이따미가   히도꾸떼   가만데끼마셍

☐ 여기가 아픕니다.

ここが 痛いのです。

고꼬가   이따이노데스

☐ 턱을 움직이면 몹시 아픕니다.

あごを 動かすと ひどく 痛いです。

아고오   우고까스또   히도꾸   이따이데스

☐ 숨을 쉬면 가슴이 아픕니다.

息をすると 胸が 痛いのです。

이끼오 스루또   무네가   이따이노데스

☐ 관절이 가끔 아픕니다.

関節が ときどき 痛むんです。

간세쯔가   도끼도끼   이따문데스

☐ 걸으면 발목이 아픕니다.

歩くと 足の付け根が 痛いのです。

아루꾸또 아시노 쓰께네가   이따이노데스

✓ 어렸을 때 결핵을 앓았습니다.

子供のときに 結核になりました。

고도모노 도끼니　겟까꾸니 나리마시따

□ 3년 전에 맹장 수술을 받았습니다.

3年前に 盲腸の手術を 受けました。

산넴 마에니　모−쵸−노 슈쥬쯔오　우께마시따

□ 수술은 한 번도 받은 적이 없습니다.

手術は 一度も受けた ことが ありません。

슈쥬쯔와　이찌도모 우께따　고또가　아리마셍

□ 올해 들어와서는 건강진단을 받지 않았습니다.

今年になってからは 健康診断を 受けていません。

고또시니 낫떼까라와　겡꼬− 신당오　우께떼 이마셍

□ 저는 어디가 안 좋은가요?

私は どこが 悪いのでしょうか。

와따시와 도꼬가　와루이노데쇼−까

□ 치료는 어떻게 하면 됩니까?

治療は どうしたら いいですか。

치료−와　도−시따라　이−데스까

☑ 다음에는 언제 오면 될까요?

今度は いつ 来たら いいでしょうか。
こんど　　　　き

곤도와　　　이쯔　　기따라　　이-데쇼-까

☐ 진찰해 주셔서 감사합니다.

ご診察 ありがとうございます。
しんさつ

고신사쯔　　아리가또- 고자이마스

☐ 오늘 진찰료는 얼마입니까?

今日の 診察代は おいくらですか。
きょう　しんさつだい

쿄-노　　　신사쯔다이와　오이꾸라데스까

☐ 내일 또 와야 합니까?

明日、また 来なければなりませんか。
あした　　　　こ

아시따　　마따　　고나께레바 나리마셍까

☐ 선생님, 고맙습니다.

先生、ありがとうございます。
せんせい

센세-　　　아리가또- 고자이마스

☑ 어머니는 병이 재발해서 입원했습니다.

母は 病気が 再発して 入院しました。
はは　びょう き　　さい はつ　　　にゅういん
하하와　뵤-끼가　　사이하쯔시떼　뉴-인시마시따

☐ 입원에는 어떤 수속이 필요합니까?

入院には どんな 手続きが 必要でしょうか。
にゅういん　　　　　て つづ　　　ひつ よう
뉴-인니와　　돈나　　데쓰즈끼가　히쯔요-데쇼-까

☐ 가능하면 개인실이 좋겠는데요.

できれば 個室が いいのですが。
こ しつ
데끼레바　고시쯔가　이-노데스가

☐ 수술 전에 어느 정도 입원해야 합니까?

手術の 前に どのくらい 入院してないと いけませ
しゅじゅつ　まえ　　　　　　　にゅういん
ん か。
슈쥬쯔노 마에니 도노쿠라이 뉴-인시떼 나이또 이께마셍까

☐ 오늘은 몇 시에 선생님에게 진찰을 받을 수 있습니까?

今日は 何時に 先生に 診ていただけますか。
きょう　　なん じ　　せんせい　　み
쿄-와　　난지니　　센세-니　　미떼 이따다께마스까

☐ 퇴원은 언제 됩니까?

退院は いつになりますか。
たいいん
타이잉와　　이쯔니 나리마스까

Unit 6 병문안할 때

☑ 입원환자 병동은 어디에 있나요?

入院患者病棟は どこでしょうか。

뉴-잉칸쟈뵤-또-와　　　도꼬데쇼-까

☐ 오늘은 몸이 어때요?

今日の具合は どうですか。

쿄-노　　　구아이와　　도-데스까

☐ 생각보다 훨씬 건강해 보이네요.

思ったより ずっと 元気そうですね。

오못따요리　　즛또　　겡끼소-데스네

> 思(おも)ったより
> 생각보다, 생각했던
> 것보다

☐ 꼭 곧 건강해질 겁니다.

きっと すぐ 元気になりますよ。

깃또　　스구　　겡끼니 나리마스요

☐ 무엇이든 편히 생각하고, 느긋하게 마음먹으세요.

何でも気楽に 考えて、ゆったりしてください。

난데모 기라꾸니　　강가에떼　　윳따리시떼 구다사이

☐ 굳게 마음먹고 병과 싸워 이기세요.

しっかりして 病気に 負けないでください。

식까리시떼　　뵤-끼니　　마께나이데 구다사이

☐ 아무쪼록 몸조리 잘 하세요.

くれぐれも お大事に。

구레구레모　　오다이지니

304

Unit 7 약을 조제받을 때

일본은 우리보다 앞서 의약분업이 실시된 나라로 의사의 진단이 없이는 약을 함부로 조제받을 수 없다. 따라서 몸이 아플 때는 병원에 가서 의사의 처방전을 받아 약국에서 구입해야 한다.

☑ 여기서 조제해 줍니까?

こちらで 調剤してもらえますか。
고찌라데　쵸－자이시떼 모라에마스까

☐ 이 처방전으로 조제해 주세요.

この処方せんで 調剤してください。
고노 쇼호－센데　쵸－자이시떼 구다사이

☐ 몇 번 정도 복용하는 겁니까?

何回くらい 服用するのですか。
낭까이 쿠라이　후꾸요－스루노데스까

☐ 한 번에 몇 알 먹으면 됩니까?

一回に 何錠 飲めば いいですか。
익까이니　난쵸－　노메바　이－데스까

☐ 진통제는 들어 있습니까?

痛み止めは 入っていますか。
이따미도메와　하잇떼 이마스까

Part 8 긴급상황에 관한 표현

305

일본은 간단한 약을 사는 데도 의사의 처방이 있어야 할 경우가 많으므로 상비약을 준비하여 가도록 하며, 지병이 있는 경우에는 한국 의사의 소견서를 가지고 가는 게 좋다.

☑ **감기약은 있습니까?**

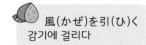
風(かぜ)を引(ひ)く
감기에 걸리다

かぜぐすり
風邪薬は ありますか。

가제구스리와　아리마스까

☐ **바르는 약이 필요한데요.**

ぬ　ぐすり
塗り薬が ほしいのですが。

누리구스리가　호시ー노데스가

☐ **안약이 필요한데요.**

め ぐすり
目薬が ほしいのですが。

메구스리가　호시ー노데스가

☐ **붕대와 탈지면을 주세요.**

ほうたい　だっしめん
包帯と 脱脂綿を ください。

호ー따이또 닷시멩오　　구다사이

☐ **거즈와 반창고를 주세요.**

ばんそうこう
ガーゼと 絆創膏を ください。

가ー제또　　반소ー꼬ー오　구다사이

☐ **소형 구급상자를 주세요.**

こ がた　きゅうきゅうばこ
小型の救急箱を ください。

고가따노 규ー뀨ー바꼬오　구다사이

잼잼 쉬운 여행 영어

장현애 저 | 148*210mm | 300쪽
14,000원(mp3 파일 무료 제공)

잼잼 쉬운 여행 일본어

장현애 저 | 148*210mm | 300쪽
14,000원(mp3 파일 무료 제공)

일상생활 영어 회화 급상승

배현 저 | 148*210mm | 328쪽
15,000원(mp3 파일 무료 제공)

일상생활 일본어 회화 급상승

이원준 엮음 | 148*210mm | 332쪽
15,000원(mp3 파일 무료 제공)

일상생활 유창한 영어회화 450

이원준 엮음 | 128*188mm | 452쪽
14,000원(mp3 파일 무료 제공)

일상생활 유창한 일본어회화 420

이원준 엮음 | 128*188mm | 420쪽
14,000원(mp3 파일 무료 제공)

내맘대로 영어 독학 단어장

FL4U컨텐츠 저 | 148*210mm | 324쪽
15,000원(mp3 파일 무료 제공)

내맘대로 일본어 독학 단어장

FL4U컨텐츠 저 | 148*210mm | 308쪽
15,000원(mp3 파일 무료 제공)